HEYNE BIOGRAPHIEN

Zum Autor

DR. MARTIN SCHÄFER, Studium der Germanistik und der Kunstgeschichte. Er promovierte in Germanistik und arbeitet als Journalist in München.

Martin Schäfer

MAXIMILIAN II.

König von Bayern

Originalausgabe

Wilhelm Heyne Verlag
München

HEYNE BIOGRAPHIE
12/168

Copyright © 1989 by Wilhelm Heyne Verlag GmbH & Co. KG, München
Printed in Germany 1989
Umschlagfoto: Bildarchiv Preußischer Kulturbesitz, Berlin
Innenfotos: Süddeutscher Verlag, Bilderdienst, München
Umschlaggestaltung: Atelier Ingrid Schütz, München
Satz: Kort Satz GmbH, München
Bildteil: RMO, München
Druck und Bindung: Presse-Druck Augsburg

ISBN 3-453-02620-9

Inhaltsverzeichnis

Als Teutscher geboren

Das Zeremoniell war genau festgelegt. 101 Salutschüsse mußten es sein, die am Nachmittag des 28. November 1811, kurz nach 15 Uhr, den Münchnern ein wichtiges Ereignis signalisierten. In der Residenz der Wittelsbacher wurde ein neues Kapitel in der Geschichte des bayerischen Adelsgeschlechts aufgeschlagen. Die Dynastie hatte Anlaß zum Feiern, denn die Thronfolge war gesichert. Maximilian hieß der Prinz, der an diesem naßkalten Novembertag das Licht der Welt erblickte.

Sein Großvater Maximilian I. regierte in Bayern als König, doch noch nicht lange. Der frühere Pfalzgraf von Zweibrücken-Birkenfeld war erst 1799, nach dem Tod des kinderlosen Kurfürsten Karl Theodor, in die alte Residenzstadt an der Isar gekommen. Der Pfälzer aus einer unbedeutenden Seitenlinie der Wittelsbacher, der seinem Geschlecht in der Erbfolge aus der Verlegenheit geholfen hatte, trat zunächst als Kurfürst an. 1806 wurde ihm für seine Bündnistreue zu den Franzosen von Napoleon die Königswürde angetragen.

Maximilian I. Joseph, wie sein vollständiger Name lautete, kam nicht allein aus seiner pfälzischen Heimat nach München. Das nach ihm wichtigste Mitglied seiner Familie war – rein dynastisch gesehen – Kronprinz Ludwig. Am Tag der Geburt seines Sohnes Maximilian war Ludwig gerade 25 Jahre alt, von dem brennenden Ehrgeiz getrieben, seinen Vater bald auf dem bayerischen Königsthron ablösen zu können. Doch dieser Zeitpunkt war noch fern, Ludwig mußte 14 Jahre warten, ehe es soweit war.

In den Novembertagen des Jahres 1811 konnte am Hof der Wittelsbacher, der unumstritten und souverän über Bayerns Provinzen herrschte, noch niemand ahnen, welch schwierige Rolle dem gerade geborenen königlichen Baby später einmal zufallen sollte. Maximilian II. mußte die komplizierte historische Aufgabe lösen, 37 Jahre später die bayerische Monarchie in der Mitte des 19. Jahrhunderts aus einer ihrer schwersten Krisen zu führen und das Selbstverständnis eines regierenden Fürsten völlig neu zu überdenken.

Denn das Revolutionsjahr 1848 rüttelte in ganz Europa an den Fundamenten der traditionellen Machtstrukturen. Auf den jüngsten Wittelsbacher, der in eine Zeit der vermeintlich unanfechtbaren Machtvollkommenheit fürstlichen Herrschaftsanspruchs hineingeboren wurde, wartete eine veränderte politische Landschaft. Als Maximilian mit 37 Jahren die Regierungsgeschäfte übernahm, hatte das vom späten Absolutismus geprägte Staatssystem endgültig ausgedient, der Feudalismus seines Großvaters und seines Vaters war zum Anachronismus geworden.

Die Tauffeierlichkeiten am 30. November 1811, die in der Grünen Galerie der Residenz angesetzt waren, wurden zu einer feierlichen Demonstration noch ungebrochenen wittelsbachischen Selbstbewußtseins – glanzvoll, festlich und mit sicherem Instinkt für die Wirkung bayerisch-barocker Machtentfaltung. Joseph Graf von Montgelas hatte die Inszenierung dieses Staatsaktes selbst übernommen, der Mann, der als der Architekt des modernen Bayern galt. Der in dieser Zeit mächtigste Minister des Landes erledigte im Geburtsjahr Maximilians II. die Staatsgeschäfte unangefochten mit harter Hand.

Um den regierenden König Maximilian I. versammelten sich am Nachmittag um 17 Uhr der ganze Hofstaat und die einflußreichsten Persönlichkeiten im damaligen Königreich, Diplomaten, die Geistlichkeit, das Offizierkorps. Dem Dichter August von Platen, der damals Page in der Münchner Residenz war, bedeutete dieser Tag so viel, daß er ihn in seinen Aufzeichnungen festhielt: »Eine sehr rührende Feierlichkeit, der ich beiwohnte, war die Taufe des Prinzen Max, ältesten Sohnes unseres Kronprinzen. Es war hier nicht um ein leeres Zeremoniell zu tun, sondern das Herz nahm daran Anteil. Der Sohn eines verehrten Mannes, der Enkel des Monarchen, unser einstiger König war es, den wir hier in die Gemeinschaft der Christen aufgenommen werden sahen. Die Taufe wurde in einem großen Saal des Schlosses abgehalten, der die Galerie heißt. Er war gedrängt voll, aber in einem Augenblick lag die ganze Versammlung auf den Knien. Der König war der Pate des Kindes. Schon als es geboren wurde, war die Freude, besonders des Kronprinzen, unendlich, der sich nichts Sehnlicheres als einen Sohn gewünscht hatte.«

Kronprinz Ludwig, der spätere Ludwig I., ließ selten wichtige Augenblicke in seinem Leben aus, die er nicht sofort in Verse gegossen hätte. Mit der ihm eigenen Umständlichkeit bei der Formulierung reimte der Vater des Neugeborenen programmatische Zeilen: »Dessen eingedenk, o Max, sei immer, daß als Teutscher du geboren bist, nie verblende dich des Auslands Schimmer, steh gewaffnet gegen seine List.«

Die Wahl des Namens Maximilian war zwar sicher auch eine Reverenz vor dem herrschenden König, doch Ludwig bewegte dabei mehr. Namensgebung, das war für den Kronprinzen immer auch ein symbolischer Akt, der weit über das rein Private hinausreichen sollte. Maximilian – das war ein ideologisches und politisches Programm. Maximilian, das war beispielsweise Kaiser Maximilian, dieser bedeutende Habsburger, der als letzter Ritter in die Geschichte einging und als Symbolfigur für ein geschlossenes Reich stand, das erst unter Karl V. auseinanderbrechen sollte.

Maximilian, das war aber vor allem Kurfürst Maximilian I., der von 1573 bis 1651 lebte und als einer der bedeutendsten Wittelsbacher gilt. Dieser machtvoll regierende Herrscher brachte während des Dreißigjährigen Krieges die Kurwürde nach Bayern. Das politische und militärische Engagement des Fürsten für das katholisch-habsburgische Lager in dem von 1618 bis 1648 währenden Kampf um Macht und Einfluß auf deutschem Boden war beträchtlich. Daß die Heere Kaiser Ferdinands II. bei der Schlacht am Weißen Berg bei Prag siegten, hat vor allem mit der Umsicht, Tapferkeit und strategischen Schlauheit des Wittelsbachers zu tun.

Kaiser Ferdinand zeigte sich nicht nur mit der Verleihung des Kurfürstentitels erkenntlich, was die Rolle Bayerns in der deutschen politischen Landschaft beträchtlich aufwertete. Wien erweiterte auch den territorialen Einfluß des Hauses Wittelsbach. So wurde die Oberpfalz, mit ihren Bodenschätzen das Ruhrgebiet des 17. Jahrhunderts genannt, dem neuen Kurfürstentum zugeschlagen.

Maximilian I. war ein konservativer Katholik, kämpferisch, machtbewußt, streng, konsequent. Das alles waren Eigenschaften, die dem Weltbild Ludwigs entsprachen. Dieser Kurfürst des 17. Jahrhunderts war alles andere als ein deutscher Duodezfürst, der sich mit Provinzialität zufrieden gegeben hätte. Er war von sich selbst überzeugt und von maßlosem Ehrgeiz zerfressen. Bayern dachte er eine wichtig gestaltende Kraft im innerdeutschen Kräftespiel zu, an der kein anderes Land mehr vorbeikommen sollte.

Pflichtbewußt bis zum letzten, verzehrte sich Maximilian in der Durchsetzung wittelsbachischer Platzvorteile, dabei von seiner Sendung tief durchdrungen. »Der Fürst muß einer Kerze gleichen, die sich selbst verzehrt, indem sie anderen voranleuchtet«, hieß sein zentraler Leitspruch.

Sein später Nachfahr Ludwig I. setzte ihm deshalb auch ein Denkmal auf einem der schönsten Plätze Münchens. Leo von Klenze schuf den klassizistischen Sockel für das Reitermonument, Bertel Thorvaldsen gestaltete die Bronze-Skulptur, die 1839 auf dem Wittelsbacherplatz enthüllt wurde. Der barocke Potentat hatte mit seinen ›Monita paterna‹ einen Leitfaden für die Prinzenerziehung der Wittelsbacher entworfen, die jahrhundertelang verbindlich blieb. Gottesfurcht und Tapferkeit, Barmherzigkeit und Humanität waren die Werte, auf denen sich dieser Kodex aufbaute.

Katholische Frömmigkeit gepaart mit Härte gegen sich selbst und andere – das waren die Eigenschaften, die Ludwig auch seinem Sohn wünschte, ebenso den politischen Weitblick und die unbeugsame Konsequenz im Handeln, die den großen Kurfürsten Bayerns auszeichneten.

Daß sich der jüngste Maximilian des Hauses Wittelsbach ganz anders entwickeln sollte, als Ludwigs Zielvorstellungen aussahen, führte später zu nicht unerheblichen Konflikten zwischen Vater und Sohn. Höflich distanziert, doch oft von Spannungen bis zur gerade noch erträglichen Schmerzgrenze geprägt, versuchten Ludwig und Maximilian aneinander vorbeizuleben, so gut es eben ging.

Die ersten Kindheitstage verbrachte der kleine Prinz in Innsbruck und Salzburg, den beiden Städten, in denen sein Vater bis 1815 als eine Art bayerischer Statthalter residiert hatte. Doch nach dem Ende des Wiener Kongres-

11

ses, bei dem nach dem endgültigen Sturz Napoleons die politische Landschaft Europas neu aufgegliedert und verteilt wurde, verloren die Wittelsbacher ihre Einflußgebiete im Süden und Osten des damaligen bayerischen Staatsgebildes. Tirol und Salzburg kamen an Österreich, sehr zum Kummer und Zorn des Kronprinzen Ludwig, der vor allem Innsbruck besonders liebte. Die Residenzen des bayerischen Fürsten in Wartestellung wurden nach Würzburg und Aschaffenburg verlegt, in die beiden Städte, die 1806 zusammen mit den fränkischen und schwäbischen Provinzen Bayern zugeschlagen worden waren.

In diesen beiden Residenzstädten mit ihren barocken Schloßanlagen verbrachte der kleine Maximilian die ersten bewußt erlebten Jugendjahre. Antonie von Täuffenbach hieß die erste Erzieherin, eine sensible, warmherzige Frau, die Maximilian auch noch in späteren Jahren tief verehrte. Ihre feine Art, ihre mütterliche Ausstrahlung kam der weichen, empfindlichen Persönlichkeitsstruktur des scheuen und schüchternen Prinzen sehr entgegen.

Die Auswahl der ersten Erzieherin fiel noch in die Kompetenz von Kronprinzessin Therese, der Mutter Maximilians, die ein pädagogisch und psychologisch weitaus besseres Fingerspitzengefühl besaß als Maximilians ehrgeiziger Vater. Therese stammte aus dem kleinen thüringischen Fürstentum Hildburghausen und galt als eine Schönheit. Wilhelm von Humboldt schwärmte: »Sie ist eine der hübschesten Fürstinnen, die ich je gesehen habe.« Und August von Platen notierte entzückt: »Die schönste Dame am Wittelsbacher Hof.«

Ihre Fähigkeit zu Güte und Nachsicht sollte sie in späteren Jahren dringend gebrauchen können. Die zahlreichen Amouren Ludwigs erforderten oft Geduld bis zur Selbstverleugnung. Vor allem die Affäre Lola Montez war eine starke Herausforderung an die Leidensfähigkeit der späteren bayerischen Königin. Doch tapfer stand sie selbst in schwersten Krisen zu ihrem Mann und verzieh ihm auch die schmerzlichsten Demütigungen.

Als Maximilian das sechste Lebensjahr vollendet hatte, schwand der Einfluß der Mutter auf die Erziehung des Sohnes. Jetzt nahm Kronprinz Ludwig die Angelegenheit selbst in die Hand und begab sich erst einmal auf die Suche nach Lehrern, die ihm für die pädagogische und psychologische Betreuung des künftigen bayerischen Königs geeignet erschienen. Alle Historiker sind sich darüber einig, daß Ludwig dabei keine glückliche Hand bewies.

Der Wunsch nach Härte und Disziplin leitete die Auswahl der in Frage kommenden Pädagogen. Und meist entschied der Vater gegen die besonderen Eigenschaften seines Kindes. Archibald MacIver hieß der erste vom Vater bestellte Erzieher, der seinen Dienst im Sommer 1817 antrat. Der Engländer war Mönch im Regensburger Schottenkloster und imponierte Ludwig wegen seiner Strenge und oft brachialen Härte. Auf Maximilian, dessen Charakter von großer Sensibilität und mangelndem Selbstbewußtsein geprägt war, wirkte der in seinen Ansprüchen unerbittliche Theologe lähmend. MacIver scheiterte mit seinen pädagogischen Methoden und gab sein Amt als Prinzenerzieher dann auch bald zurück.

Nicht viel glücklicher verlief für Maximilian die Zeit, in der der Theologe Georg Öttl die Erziehung des Prinzen übernahm. Der spätere Bischof von Eichstätt überforderte seinen Zögling so sehr, daß sich Maximilian gegenüber der Außenwelt noch mehr verschloß als zuvor. Kein Lichtblick in der Reihe der Männer, die den späteren bayerischen König zur Tüchtigkeit formen sollten, war auch Philipp Lichtenthaler, der nach seinem gescheiterten Lehrauftrag die Leitung der Hof- und Staatsbibliothek übernahm. Auch er legte übertriebene Strenge an den Tag, verstand es nicht, Maximilian aus seiner lethargischen Reserve zu locken, sondern richtete vermutlich noch mehr psychologische Schäden an, als dies seinen Vorgängern möglich war.

Maximilian stand jetzt bereits in dem Ruf, ein intellektuell nur schwach begabtes Kind zu sein. Die Wissenslücken waren beträchtlich, die Lernfähigkeit schien sehr begrenzt zu sein. Ludwig, dessen Ehrgeiz gewaltig war, zeigte erste Zeichen der Verbitterung, doch nicht etwa gegenüber den von ihm ausgewählten Erziehern, die trotz ihres intellektuellen Formats ihrer pädagogischen Aufgabe nur unvollständig gewachsen waren, sondern gegenüber dem eigenen Sohn, dessen Stärken und Schwächen er nicht richtig einzuschätzen vermochte.

Dann kam für Maximilian ein erster Lichtblick. Leonhard Freiherr von Hohenhausen war weder Theologe noch Philologe, sondern Offizier. Doch ausgerechnet der Berufssoldat erwies sich als der erste menschliche Lehrer des bayerischen Prinzen. Hohenhausen war ein umfassend gebildeter Mann von scharfem Verstand, dabei aber milde, nachsichtig und stark gefühlsbetont. Er fand als erster in der Reihe der Erzieher den richtigen Ton. Der Offizier, der dem bayerischen Generalstab angehörte und wegen seiner militärischen Tapferkeit und Tüchtigkeit von Napoleon mit ehrenvollen Orden ausgezeichnet worden war, schaffte ohne Drill und Zwangsmaßnahmen, was seine Vorgänger nicht fertiggebracht hatten.

Maximilian begann aufzublühen. Unter der sorgfältigen und warmherzigen Anleitung Hohenhausens verlor der Prinz zeitweilig seine steife, ungelenke Art, gewann an Verbindlichkeit, wirkte auf seine Umwelt nicht mehr so verschlossen und schweigsam. Der Verzicht auf geistige Exerzierübungen, die vor allem der aus der Oberpfalz stammende Altphilologe Philipp von Lichtenthaler veranstaltet hatte, bekam dem Heranwachsenden gut.

Ebenso anregend wie Freiherr von Hohenhausen wirkte ein Verwandter auf den jungen Maximilian: der Herzog von Leuchtenberg.

Ehe dieser ebenso elegante wie feinsinnige und menschlich imponierende Adlige französischer Abstammung nach München kam, hörte er auf den Namen Eugène Beauharnais. Der Stiefsohn Napoleons war kurzfristig Vizekönig in Italien gewesen und hatte von Mailand aus ein nicht unbescheidenes Territorium regiert. Im Zuge des Wiener Kongresses wurde er jedoch entmachtet und kam nach München.

Hier heiratete er Ludwigs Schwester Auguste Amalie, sehr zum Verdruß des späteren Bayern-Königs, der seinen abgrundtiefen Haß auf alles Französische auch auf den Schwager übertrug. Maximilian I. machte den tüchtigen Offizier und Schwiegersohn zum Herzog von Leuchtenberg, dessen klassizistisches Palais am Münchner Odeonsplatz steht. Es ist heute Sitz des Finanzministeriums.

Die ritterliche Art des lebensgewandten Franzosen imponierte dem heranwachsenden Maximilian in starkem Maße, an ihm nahm sich der Prinz ein Vorbild. Später charakterisierte der Wittelsbacher seinen Onkel in seinen Aufzeichnungen mit besonderem Respekt: »Der Herzog zählte zu den ausgezeichneten Marschällen. Seine Besonnenheit, sein ruhiger, ausdauernder Mut zeichnete ihn besonders aus. Die ihm zuteil gewordenen schwierigen Aufgaben zeugen davon. Er war ein Herr von liebenswürdigem, ritterlichem Wesen, galant gegen Damen, von schönem, einnehmendem Wesen. Sein Inneres entsprach der Außenseite. Er war ein ehrenwerter, treuer, anhänglicher Charakter.«

Die Anhänglichkeit, die Maximilian dem 1824 verstorbenen Onkel entgegenbrachte, hatte auch einen ganz vordergründigen Anlaß. Der Herzog von Leuchtenberg war es, der ihm sein erstes eigenes Pferd schenkte. Es hieß Bucephal, genauso wie der Hengst Alexanders des Großen. Der Prinz hing in abgöttischer Liebe an dem Tier.

Die intensive Zuneigung verrät aber auch etwas über die Charakterstruktur des Prinzen, der im Umgang mit seinem Vater zeitlebens Schwierigkeiten hatte. Im Herzog von Leuchtenberg bestaunte er die liebenswürdige Heiterkeit, mit der er sich umgab, obwohl er gleichzeitig von großer Ernsthaftigkeit geprägt war. Die Mischung, die ihm so menschlich erschien, vermißte Maximilian an seinem Vater Ludwig, bei dem das Schroffe, Herrische, Strenge überwog – zumindest im Umgang mit dem Sohn.

Zu den Lehrern, die Maximilians Weltbild in jungen Jahren prägten, gehört auch der aus Tirol stammende Historiker Joseph Freiherr von Hormayer, eine ebenso schillernde wie faszinierende Persönlichkeit. Von 1827 bis 1830 hatte der hochgebildete, dabei außerordentlich eigenwillige Feuerkopf großen Einfluß am Münchner Hof. Auf den heranwachsenden Prinzen wirkte der in Bayern umstrittene Geschichtsprofessor und Literat wegen seiner unkonventionellen Sicht der Dinge stark stimulierend. Zum ersten Mal begann sich Maximilian für Geschichte zu interessieren, ein Wissenschaftsgebiet, das ihn sein ganzes Leben faszinieren sollte.

Hormayer, der Schnelldenker und raffinierte Taktierer, verstand es rasch, sich unentbehrlich zu machen. Ludwig ernannte ihn zum Geheimen Rat im Außenministerium, hörte auf seine Vorschläge und schlug alle Warnungen vor Hormayers undurchsichtigem Charakter in den Wind. Der Monarch zahlte seinem geheimen Pressechef, wie der Tiroler Professor gerne genannt wurde, das stolze Gehalt von 7000 Gulden, eine Summe, die an Ludwigs Hofstaat einen Seltenheitswert besaß.

Waren es die falschen Erziehungsmethoden, waren es die Anlagen des Prinzen? Fest steht, daß Maximilian nie ein guter Schüler werden sollte. Das Erlernen der alten Sprachen, vor allem des Griechischen, bereitete ihm unendliche Qual. Lediglich im Französischen tat sich der Prinz etwas leichter. Mit der Rechtschreibung stand er bis zum Beginn seiner Studentenzeit auf Kriegsfuß. Maximilian tat sich in allem schwer, neigte auch zu einer gewissen Trägheit, sehr zum Verdruß des Vaters, der bereits in jungen Jahren alles in sich aufsog, was er vermittelt bekam.

Ludwig, der bei aller Großzügigkeit, zu der er auch fähig war, auf der anderen Seite zu großer Pedanterie neigte, war nicht nur für seine direkte Umgebung, sondern auch für Maximilians Lehrer und Erzieher kein leichter Fall. Denn er mischte sich in alles ein. Er und nicht etwa die Pädagogen legten den Lehrplan fest, und zwar bis in die kleinsten Details.

Archibald MacIver beispielsweise bekam einmal aus der Feder Ludwigs folgende in ihrer peinlichen Penetranz schon fast beängstigende schriftliche Anweisung: »Was den Unterricht betrifft, setze ich Folgendes fest: Von Anfang November bis Ende Dezember (Sonntag und Feiertag ausgenommen): Täglich zwei halbe Stunden, in welchen Sie ihm werden lesen lernen. Dieses gilt für alle hinfolgende Unterrichtszeit gleichfalls. Januar, Februar täglich zwei Dreiviertelstunden. März bis Juni täglich zwei Stunden. Mit dem Monat März kann auch nebstdem täglich eine Viertelstunde, aber nicht sitzend, sondern im Zimmer auf- und niedergehend, mit dem Kopfrechnen zu lernen verwendet werden, aber zu keiner bestimmten Zeit am Tage. Mit dem Monat März hat der förmliche Religionsunterricht, den Sie gleichfalls erteilen werden, zu beginnen, und im Juni die vom Hofbibliothekar Lichtenthaler zu geschehende Unterweisung im Klavierspielen, welches beides auch in zwei zum Unterrichte festgesetzten Stunden zu verrichten, von welchem im Juni im Klavier täglich eine Viertelstunde zu nehmen. Dieses gilt, bis ich anders bestimme.«

Trotz gelegentlicher schriftlicher Bekundungen väterlicher Liebe und Zuneigung hielt Ludwig seinen Sohn aus seiner Privatsphäre weitgehend fern. Das war in den Augen des Wittelsbachers keine Äußerung von Gefühlskälte, sondern klares Konzept der Erziehung. Zu viel Nähe, das war für Ludwig ein Zeichen von Schwäche und mangelnder Selbstzucht. Das vertrauliche Du zwischen Vater und Sohn hat sich Ludwig sehr bald verbeten. An den Erzieher Archibald MacIver gab er eine dementsprechende Dienstanweisung: »Obgleich ›Du‹ mir angenehm klingt, soll dennoch bewirkt werden, daß Max, wenn ich zurückkomme, nur ›Sie‹ zu mir sage. Wenn es schon gegen seinen Vater ratsam ist, besteht dieses umso mehr gegen den fürstlichen Vater, der wahrscheinlich einstens Herrscher wird, den König und Vater vereinigend.«

Trotz aller Distanz, die Ludwig zwischen sich und den Sohn legte – Maximilian konnte dem Vater nicht entrinnen. Jeder Schritt wurde überwacht, keine Spur von Großzügigkeit oder gar Milde fand sich im Erziehungskonzept des Kronprinzen. Freiräume, in denen er unbeobachtet durchatmen konnte, blieben dem jungen Wittelsbacher versagt. Die spätere Verschlossenheit und mangelnde Entscheidungskraft haben sicher in dieser unerbittlich-strengen Erziehung mit ihren Grund.

Der Schweizer Jurist Bluntschli, der sehr viel später als Professor nach München berufen wurde und viel Einblick in die Hofgesellschaft hatte, erinnert sich in seinem Tagebuch: »Die Königin Therese soll von so unschlüssiger Natur sein, daß sie morgens ganz unglücklich ist, weil sie sich nicht entscheiden könne, welchen Rock sie anziehen wolle. Und König Max? Er scheint der Mutter zu gleichen.« Als Bluntschli seine Beobachtungen zu Papier brachte, hatte Maximilian längst den Thron bestiegen. Die bereits in frühen Jahren festgestellte Entschlußarmut des Wittelsbachers hatte sich erhalten, ja sogar noch verstärkt.

Als besonders glückliches Kind ist der spätere Bayern-König nicht aufgewachsen, obwohl seine Wiege in der Residenz eines Fürstenhauses stand, das in der ersten Hälfte des 19. Jahrhunderts zu den angesehensten und einflußreichsten in Deutschland gehörte. Ein herrischer Vater, vom Ehrgeiz getrieben, und ein ständig zögernder, handlungsschwacher Sohn – diese Konstellation konnte zu keiner glücklichen Symbiose führen. Zwei Charaktere waren aufeinander gestoßen, die sich im Grunde trotz allen Respekts nichts zu sagen hatten.

Maximilian faßte in späteren Jahren einmal zusammen, was er von der Erziehung hielt, die ihm der Vater verordnet hatte: »Stets mußte ich ein heiteres Gemüt zeigen, wenn es mir gar nicht so ums Herz war. Und kindlich natürlich sollte ich sein, wo die äußeren Verhältnisse und Gegebenheiten gerade das Gegenteil mit sich brachten. Aus diesen unnatürlichen Verhältnissen erwuchs zum großen Teil ein Zustand von Unsicherheit und Mangel an natürlicher Haltung, der mir noch später zur großen Plage gereichte.« Maximilian diagnostizierte seine Lage – wie sich später herausstellen sollte – völlig richtig. Ein Mann der souveränen, raschen Entscheidung ist er nie geworden.

Ein Beispiel für die unnachsichtige Strenge des Vaters ist ein Zwischenfall, bei dem Maximilian von seinem Lieblingspferd Bucephal stürzte. Statt Mitleid gab es nach dem Unfall eine geharnischte Standpauke. Ludwig schrieb wütend an den Sohn: »Wer nicht hört, muß fühlen! So ist Dir geschehen, und das mit Recht!« Und dann holte der Vater zu einer penetranten Belehrung aus, die sich so anhört: »Während Du reitest, hast Du dem Stallmeister ebenso wie dem Geistlichen Rat Öttl zu folgen, abzusteigen, wenn er es für richtig findet, und nicht weiter zu reiten. Darum gebe ich Dir einen Stallmeister mit, damit Du ihm folgst. Deine Mutter, eben weil sie für Dich dieselbe Liebe hat wie ich, bedauert Dich ebensowenig wegen Deinem Unfall, sondern findet ebenfalls, daß Du ihn wohl verdient hast.«

Die einzigen entspannten Phasen verbrachte der heranwachsende Prinz offensichtlich nur am Hofe des Großvaters, der seinen Enkel abgöttisch liebte und auch verwöhnte. Maximilian I. war – ganz im Gegensatz zu Ludwig – ein heiterer, gemütvoller Mensch, ausgeglichen, leutselig und von großer Herzenswärme. Alles Schroffe, Hochfahrende war ihm fremd. Strenge lag ihm nicht. Die Ferienwochen, in denen der Prinz zusammen mit seinen Geschwistern von Würzburg oder Aschaffenburg aus in die Münchner Residenz reisen durfte, pries Maximilian später als die glücklichste Zeit seiner Jugend. Natürlich faszinierte ihn bei diesen Ausflügen in die Hauptstadt der Glitzer der feinen Hofgesellschaft, der großzügige Lebensstil des Großvaters, der gerne Feste feierte und seinen Enkel daran teilnehmen ließ.

In Bad Brückenau, dem mitteldeutschen Badeort zwischen Kissingen und Fulda, der seit 1816 zu Bayern gehört, erreichte Ludwig und Maximilian im Spätherbst 1825 eine Nachricht aus München, die beider Leben gründlich verändern sollte. Im Nymphenburger Schloß war völlig unerwartet Bayerns erster König gestorben. Maximilian I. ist 69 Jahre alt geworden. Jener Monarch, der 1799 als bis dahin unbedeutender Pfalzgraf ohne Macht und Einfluß nach München gekommen und in dessen Regierungszeit das Kurfürstentum zum Königreich erhoben worden war, war tot.

Am Abend vor seinem Tode hatte Maximilian I. noch einen Hofball in der Residenz besucht, er wirkte unbeschwert, fröhlich wie immer, nippte gelegentlich an einem Glas Zuckerwasser und ließ sich gegen 21 Uhr nach Nymphenburg kutschieren, ging rasch schlafen. Als der Kammerdiener den König am nächsten Morgen wie gewohnt um fünf Uhr wecken sollte, war Maximilian I. tot. Königin Karoline war außer sich vor Schmerz. Einen Tag lang weigerte sie sich, von dem Toten zu weichen. Immer wieder gab sie die Anweisung, den Leichnam in feuchte Tücher zu hüllen. Sie wollte nicht glauben, daß das Sterben ihres Mannes etwas Endgültiges war.

Die Todesnachricht schockte auch den Enkel; Maximilian schrieb später über den von ihm so geliebten Großvater: »Tausende von Tränen wurden ihm nachgeweint, in den Hütten wie in den Palästen, von der Stille unserer Gebirgstäler bis zu den rheinischen Gauen. Er war im besten Sinne der populärste Fürst seiner Zeit, schon von Jugend an, als er noch als Prinz Max von Zweibrücken, dem Throne fern, in französischen Diensten stand. Seine alten Waffengefährten wie alle seine früheren Bekannten hielt er hoch. In späteren Jahren pilgerten sie herbei von nah und fern, ihren geliebten Max zu sehen. Hunderte von Zügen seiner Herzensgüte leben noch im Andenken des Volkes.«

Bestattet wurde Maximilians Leichnam in München, sein Herz kam nach altem Brauch nach Altötting. Auf die silberne Urne ließ sein Sohn Ludwig gravieren: »Das beste Herz.«

Der König ist tot, es lebe der König. Ludwig reiste zusammen mit seinem Sohn sofort von Bad Brückenau nach München. Im Alter von 39 Jahren bestieg er den bayerischen Thron, beseelt von dem Gedanken, München zu einer Hauptstadt der Kunst zu machen. Die in seiner

Kronprinzenzeit gereiften Pläne warteten jetzt auf ihre Verwirklichung.

Noch auf der Reise von Bad Brückenau nach München überreichte Ludwig seinem Sohn in einer kleinen Zeremonie das kronprinzliche Siegel. Damit war Maximilian ganz offiziell zum künftigen bayerischen Monarchen ernannt. Für den 14jährigen änderte sich nicht sehr viel. Doch zwei Wendungen hatte sein Leben über Nacht genommen. Der Wohnsitz der Familie war ab sofort die Residenz in München, und das Taschengeld des Prinzen wurde von monatlich vier auf 40 Gulden erhöht.

Für Ludwig gehörte es zu den Selbstverständlichkeiten, daß er an die Erziehung seines Erstgeborenen jetzt noch strengere Maßstäbe anlegte. In einem Brief an Maximilian hält Ludwig im Jahr 1825 vorsorglich fest: »Deine Aufrichtigkeit, der ich auf solche vorzüglich viel halte, Deine guten Vorsätze freuen mich. Aber zufrieden werde ich dann nur sein, wenn letztere in Taten übergegangen sind.«

Das ewig Nörgelnde, immerzu Bevormundende, das von Ludwig ausgeht, hemmt Maximilian bei der Entwicklung eines starken Selbstbewußtseins. Überkorrekt gegenüber seinem starken Vater wagt der neue Kronprinz keinen offenen Widerstand, sondern wird zum stillen Einzelgänger, der alles mit sich selbst abmacht. Ein ausgleichender Einfluß der weicheren Mutter findet praktisch nicht statt, denn nach den geltenden Hausgesetzen kann sie sich in die Erziehung ihres ältesten Sohnes nicht einmischen.

Studienjahre, Aufbruchsjahre

Mit dem Tod Maximilians I. hat für Bayern im Jahr 1825 eine ganz neue Zeit begonnen. Ludwigs Regierungsstil unterscheidet sich von dem seines Vorgängers beträchtlich. Zupackend, rasch in allen Entscheidungen geht Ludwig erst einmal daran, sein Land auf eine finanziell gesündere Grundlage zu stellen. Denn das Land war seit den Spanischen Erbfolgekriegen, in die es in den Tagen des Kurfürsten Max Emanuel verwickelt worden war, hoch verschuldet. Als Ludwig I. im Jahr 1848 abdankte, hinterließ er eine geordnete Staatskasse.

Sein Sparprogramm begann in der direkten Umgebung. Seine Kammerdiener entließ er mit dem bemerkenswerten Satz: »Anziehen kann ich mich selbst, und ausziehen will ich mich nicht lassen.« Während der König daran ging, München mit einem beispiellosen Bauprogramm gründlich umzugestalten und von einer harmlosverträumten Residenzstadt in eine Metropole von europäischem Rang zu verwandeln, bereitete sich der Kronprinz auf die Zukunft vor, die ihm die Gesetze der Dynastie vorschrieben.

Maximilian tat es eher lustlos und ohne nennenswertes Engagement. Bis ein wichtiges Ereignis sein Leben gründlich verändern sollte. Für Maximilian begannen die Studienjahre. Sie eröffneten ihm eine Welt, die ihm bisher verschlossen war – die Welt der Geschichte. In wenigen Monaten wurde aus dem bayerischen Kronprinzen ein anderer Mensch.

Wie bereits sein Vater, begann Maximilian seine Studienzeit an der Universität Göttingen, die zu Beginn des 19. Jahrhunderts zu den führenden deutschen Hochschulen gehörte. Fern von der täglichen Kontrolle des Vaters, fern von pädagogisch unfähigen Erziehern, atmete der Kronprinz zum ersten Mal frei durch. Und er tat es auf einmal mit Wonne. Während er in München noch von ermüdender Apathie gepeinigt war und deshalb seine Umwelt auch oft langweilte, kam mit Beginn des Wintersemesters 1829 für Maximilian der große Durchbruch. Er ließ sich plötzlich faszinieren, konnte sich begeistern, lernte sich anzustrengen, erlebte erste emotionale Stürme.

Der frische aufgeklärte Geist, der an der Göttinger Universität herrschte, riß den bayerischen Kronprinzen mit. Erzkonservativ erzogen, im strengen katholischen Weltbild herangewachsen, hatte Maximilian noch nie zuvor etwas von Luther gehört. Der Geist des Protestantismus, der auch Bewegung in die Wissenschaft gebracht hatte, war ihm bis dahin fremd. Die Freiheit einer vom Muff der Tradition gereinigten Weltsicht bestach den jungen Wittelsbacher, der plötzlich einen kolossalen Wissensdurst in sich verspürte und sich mit beispiellosem Eifer auf sein Studium stürzte.

An seinen Vater schrieb er aus Göttingen: »Ich glaube, Ihnen etwas Angenehmes schreiben zu können, daß ich nämlich meine frühere üble Gewohnheit, die Zeit zu vertrödeln, fast ganz abgelegt habe. Ich fange an, mit der Zeit zu geizen und lerne von Tag zu Tag mehr, den Wert der Zeit zu schätzen.« Maximilian belegte Geschichte und Staatswissenschaften. Arnold von Meeren und Friedrich Dahlmann, beide angesehene Historiker von liberaler Gesinnung und profundem Wissen, beeindruckten den Studenten aus München gewaltig. Sie trafen bei Maximilian einen Nerv, der bis dahin verborgen war.

Wissenschaftlich zu denken, geschichtlichen Zusammenhängen nachzuspüren, in historischen Ereignissen eine innere Logik zu entdecken – das waren Erfahrungen, die dem jetzt 18jährigen bayerischen Thronfolger bisher fremd gewesen waren, ihn jetzt aber so zu interessieren begannen, daß sogar Forscherehrgeiz in ihm erwachte. Mit dem Umzug nach Göttingen wurden für Maximilian Fenster aufgeschlagen, die endlich Licht in sein bis dahin reichlich trübsinniges Dasein brachten. Er wurde deshalb nicht müde, begeisterte Briefe nach Hause zu schreiben.

Selbstverständlich ließ Ludwig auch jetzt nicht davon ab, die Entwicklung seines Sohnes genau zu verfolgen und auch zu kontrollieren. Der Vater ordnete an, der Kronprinz gehorchte. Jede Woche einmal mußte er in einem vier Oktavseiten umfassenden Brief genau mitteilen, wie er seine Tage zugebracht hatte, welche Vorlesungen er wo besuchte und wieviel Geld ausgegeben wurde. Die Briefe nach München mußten exakt numeriert werden, um ein System in die Korrespondenz zu bringen. Ludwig ordnete auch exakt an, wieviel Briefe in französischer Sprache verfaßt werden mußten, damit der Umgang mit einem fremden Idiom trainiert werden konnte. Die wöchentliche Rechenschaft hatte aber nicht nur das Ziel, Maximilian vom Münchner Hof aus genau zu kontrollieren. Ludwig, ein Mann mit sehr viel Selbstdisziplin, wollte mit diesen Berichten erreichen, daß sein Sohn seinen Tagesablauf bewußt überdenkt, Nachlässigkeiten und Schlampereien ausmerzt. Die ständige Übung hatte für Maximilian Folgen. Als König führte er jahrelang jeden Abend Buch über sich und seine Handlungen.

So fasziniert der bayerische Königssohn von der ihm bis dahin verschlossenen Welt einer freien Universität war, so verstört reagierte die katholische Geistlichkeit auf den Entschluß Ludwigs, den Kronprinzen zum Studium nach Göttingen zu schicken. Der römische Kardinalstaatssekretär Albani schrieb, von den Vorgängen alarmiert, an den Münchner Nuntius Graf Mercy d'Argenteau: »Ich brauche mich hier nicht in Erörterungen einzulassen, um Ihnen darzutun, was für Gefahren dieser unüberlegte Entschluß für die Religion und die politischen Grundsätze des jungen Prinzen in sich birgt. Ebensowenig, was für ein Ärgernis daraus für ganz Europa entsteht, daß der Erbe eines katholischen Thrones Herz und Band an einer protestantischen Universität zu verderben im Begriffe steht. Der Heilige Vater ist um so schmerzlicher davon berührt, als die Religion des Königs von Bayern einen so wenig überlegten Entschluß nicht erwarten ließ.«

Die diplomatische Intervention des Heiligen Stuhls verlief – wie zu erwarten war – im Sande.

Es gehörte zu den zweifellos großen Stärken Ludwigs I., daß er sich durch nichts von seinen Entscheidungen abbringen ließ, wenn er sie einmal getroffen hatte. Absolute geistige Unabhängigkeit und konservative Politik auf eigene Rechnung waren seine Konditionen. Wie sinnvoll aber auch für einen katholisch erzogenen Prinzen das Studium an einer protestantischen Universität sein kann, hatte er schließlich selbst erfahren. Auch er hatte sich als Student in Göttingen aufgehalten und die freie Luft dieser Hochschule genossen.

Ludwig stand fest und überzeugt auf dem Boden bayerisch-katholischer Tradition – aber das hat ihn nicht daran gehindert, eine protestantische Frau zu heiraten. Therese von Sachsen-Hildburghausen wurde von ihrem königlichen Ehemann niemals auch nur vorsichtig überredet, über den Gedanken einer Konversion nachzusinnen. Von der römischen Geistlichkeit ließ sich der Monarch in nichts dreinreden. Deshalb erschien es dem Münchner Nuntius auch völlig abwegig, wegen Maximilians Göttingen-Aufenthalt bei Hofe zu intervenieren. Er ließ den Brief vom Heiligen Stuhl zuerst einmal liegen und verfaßte nach angemessener Wartezeit eine abwiegelnde, aber für das Klima in der Umgebung Ludwigs I. bezeichnende Antwort: »Es ist in der Tat etwas Außergewöhnliches, daß sich ein Prinz mitten unter die Studentenschaft einer Universität begibt, und es ist wenig ehrenvoll für die Universitäten Bayerns, zu sehen, daß der eigene Souverän eine auswärtige Universität auswählt. Jedoch: die liberalen Ideen Seiner Majestät, dann der Umstand, daß er selbst in seiner Jugendzeit die Universität Göttingen besuchte, ferner, daß diese eine von denen ist, die sich wissenschaftlich eines besonderen Rufes erfreuen – das sind die Gründe, die ihn, wie ich höre, zu diesem Beschlusse haben bestimmen können.« Und dann nimmt der weltgewandte kluge Graf Mercy d'Argenteau die protestantische Hochschule sogar in Schutz, wenn er schreibt: »Man versichert mir, daß die Professoren, die nicht den theologischen und kanonischen Fächern angehören, im allgemeinen, obwohl die Universität protestantisch ist, nicht schlecht sind, und daß sich viel schlechtere, was Grundsätze anbetrifft, an anderen deutschen Universitäten befinden, die sich katholisch nennen.«

Von Göttingen aus begab sich Maximilian zur Fortsetzung seiner Studien nach Berlin. Noch mehr als zuvor widmet sich der Kronprinz der Geschichte. Vor allem Leopold von Ranke, der große deutsche Historiker und damalige unangefochtene Star unter den Geschichtsschreibern, fasziniert den Studenten aus München. Ranke vermittelt ihm Einblicke in eine ganz neue Art, wissenschaftlich zu denken. Geschichte, das war für den Kronprinzen auf einmal nicht mehr nur das Nacherzählen von Ereignissen, sondern das war das Forschen nach der Kausalität des Geschehens. Der Berliner Professor formulierte sein wissenschaftliches Ziel selbst so: »Alle die Taten und Leiden dieses wilden, heftigen, gewaltsamen, guten, edlen, ruhigen, dieses befleckten und reinen Geschöpfes, das wir selber sind, in ihrem Entstehen und in ihrer Gestalt zu begreifen und festzuhalten.«

Zum ersten Mal scheint sich eine Art tieferer Verständigung zwischen Vater und Sohn anzubahnen. Maximilians Leidenschaft für die Geschichte findet bei Ludwig ungeteilten Beifall. Denn auch der regierende Münchner Monarch sieht in der historischen Forschung eines der wichtigsten Ziele seiner Zeit, was sich bei Ludwig, dem Tatmenschen, allerdings gleich in konkretem Handeln niederschlägt. Seine Leidenschaft für die Antike und die Welt der Renaissance wird Gestalt in einem gewaltigen Bauprogramm. Die von ihm geförderten und geforderten Architekten wie Leo von Klenze und Friedrich Gärtner entwickeln für München neue Akzente, die den Geist früherer Epochen aufnehmen und weiterentwickeln – in klassizistischen Bauten, die der Residenzstadt der Wittelsbacher ganz neue Dimensionen gaben.

Auch für Maximilians spätere Regierungszeit hatte die Beschäftigung mit der Historie ganz konkrete Folgen, auch wenn sie sich nicht in so spektakulären Eingriffen in die Münchner Stadtlandschaft äußern wie bei seinem Vater. Es ist vielmehr der Geist eines neu angebrochenen wissenschaftlichen Zeitalters, der ihn faszinierte und den er bei seinem Regierungsantritt beim Wort nahm. Neuen Erkenntnissen verschaffte er die Möglichkeit, daß sie sich durchsetzen konnten, sei es auf dem Gebiet der Historie, der Naturwissenschaften, der Medizin oder der Technik. So gesehen war das Spektrum Maximilians im Grunde breiter als das seines Vaters, der sich im wesentlichen auf die Förderung der Künste beschränkte. Daß sich während der Regierungszeit des dritten Königs auf dem bayerischen Thron München zu einem wichtigen europäischen Zentrum von Forschung und Technik entwickelte, ist eine Leistung, von deren Folgen die bayerische Hauptstadt besonders in den letzten Jahrzehnten des zwanzigsten Jahrhunderts profitiert, in der sie zu einer hochentwickelten europäischen Metropole moderner Technologie geworden ist.

Es ist müßig abzuwägen, ob Maximilians Durchbruch zu einer bemerkenswerten Persönlichkeitsbildung aus Trotz und Widerstandsgefühlen gegenüber dem herrischen Vater und den von ihm ausgewählten ungeeigneten Erziehern erfolgte, oder ob die Stärke des zum Zögern und Zaudern neigenden Monarchen das Ergebnis eines langsam reagierenden Spätentwicklers war. Entscheidend ist in diesem Fall sicherlich nicht der Weg, sondern das Ziel, das er erreichte. Und das war am Ende seiner Studienjahre mit Sicherheit bereits bemerkenswert. Der ebenso trockene wie in seinem Urteil unbestechliche Kabinettssekretär Pfistermeister, der Maximilians Entwicklung ziemlich hautnah miterlebte, urteilte jedenfalls über den jungen Wittelsbacher am Ende seiner Wanderjahre so entschieden zustimmend, daß er dem Kronprinzen bescheinigte, er sei »auf der Höhe seiner Zeit« und in seiner »äußeren Erscheinung ein vollendeter Weltmann«.

Auf Brautschau

Maximilian war inzwischen 29 Jahre alt und somit fest entschlossen, seine Junggesellenzeit zu beenden. Das Feuer der großen Leidenschaft hatte ihn zwar noch nicht erfaßt, doch ihm war klar, daß ein bayerischer Kronprinz an Europas Fürstenhöfen als glänzende Partie galt. Seine bedächtig-zögerliche Art, auf Menschen zuzugehen, amüsierte seinen Vater, der im Umgang mit Frauen von keinerlei Hemmungen geplagt war.

Ludwigs Sohn war zwar kein Draufgänger, aber immerhin eine stattliche Erscheinung. Der mittelgroße Prinz, der immer auf die schlanke Linie achtete, hatte ebenso gewandte wie gepflegte Umgangsformen, ausdrucksstarke Augen und wirkte bei seinem Auftreten wie eine Mischung aus preußischem Offizier und britischem Gentleman. Bei Schauspielern, die ihm Sprechunterricht gaben, hat Maximilian sich das Stottern abgewöhnt, eine Sprachstörung, unter der sein Vater sein Leben lang litt.

Pedantisch genau wie ein Buchhalter legte der heiratslustige Kronprinz Listen all der in Frage kommenden Fürstenhäuser an, die er besuchen wollte, um eine geeignete Frau zu suchen. Maximilian ging bei seiner Brautschau generalstabsmäßig vor. Um ein Land freilich mußte er einen Umweg machen, sonst hätte er größeren Ärger mit dem Vater bekommen – um das westliche Nachbarland Frankreich. »Der Gedanke einer solchen Verbindung mit Frankreich widerstrebt meinem Charakter. Wenn ich nicht dagegen wäre, so würde ich umsonst gelitten haben und mein ganzes früheres Leben gleichsam vernichten«, merkte Ludwig an.

Was meint Ludwig mit diesen dunklen Andeutungen? Um eine Antwort zu finden, muß man in den frühen Jugendjahren des Wittelsbachers nach dem Anlaß suchen, der zu dieser abgrundtiefen Abneigung gegen alles Französische führte. Ludwig wurde 1786 in Straßburg geboren, sein Vater diente damals als Oberst bei der französischen Elite-Truppe ›Royal Alsace‹. Die Französische Revolution von 1789 veränderte das Leben der von Zweibrücken-Birkenfeld stammenden Wittelsbacher Seitenlinie grundlegend. Immer auf der Flucht vor den die linksrheinische Pfalz zerstörenden Revolutionsheeren, erlebte der heranwachsende Ludwig eine frühe Jugend in Angst und Schrecken. Daß sein Taufpate, der Bourbonen-König Ludwig XVI., auf der Guillotine starb, war der größte Schock für das Kind. Napoleon, nach den chaotischen Revolutionsjahren der neue starke Mann des westlichen Nachbarlands und später auch Europas, war für Ludwig zeitlebens ein finsterer Emporkömmling, ohne jegliche Legitimation zur Macht. Der Haß, mit dem der Wittelsbacher den Kaiser der Franzosen verfolgte, war abgrundtief.

Napoleon war längst tot, die Bourbonen regierten wieder in Paris. Eine verwandtschaftliche Beziehung zur Münchner Residenz erschien ihnen mehr als wünschenswert. Doch Ludwig sah das völlig anders. An Maximilian schrieb er warnend: »Ich weiß, Du hast Abneigung gegen die Franzosen. Entschieden gegen eine solche Heirat bin ich, will keine Französin als Schwiegertochter haben.« Und kurz darauf setzt Ludwig eine deutliche Drohung hinzu: »Ich bin weit davon entfernt, Dir eine zu bestimmen. Daß zum Eingehen einer Ehe aber meine Einwilligung erforderlich, versteht sich von selbst.«

32

Nicht ungern hätte Ludwig eine Schwiegertochter aus England gesehen. Er dachte beispielsweise an Viktoria, die später das nach ihr benannte Zeitalter einleitete und einen deutschen Prinzen heiratete. Der allerdings hieß Albert und stammte aus Coburg. War diese kurzfristig in Aussicht genommene Verbindung noch mehr theoretischer Art, so nahm eine andere Überlegung schon handfestere Formen an. Olga hieß die bildschöne Zarentochter aus Petersburg, die in den Augen Ludwigs wie auch seiner Frau Therese eine geradezu ideale Frau für Maximilian gewesen wäre. Natürlich nicht nur wegen ihrer betörenden Erscheinung, sondern auch aus politischen Gründen.

Eine verwandtschaftliche Beziehung zwischen Bayern und Rußland – das mußte für den Münchner Hof in der Mitte des 19. Jahrhunderts eine mehr als reizvolle Überlegung wert gewesen sein. Daß eine Achse München-Petersburg bei den Regierungen in Berlin und Wien eine gewisse Verunsicherung ausgelöst hätte – nun ja, Ludwig hätte das nicht ungern in Kauf genommen. Ein engeres Zusammenrücken von Bayern und Rußland hätte der Stimme Ludwigs im europäischen Kräftespiel entschieden mehr Gewicht verschafft.

Aber die vom russischen Zarenhof wie von den Wittelsbachern voller Wohlwollen gesehene Verbindung scheiterte an der eigenwilligen Olga wie auch an der nachtragenden Empfindlichkeit Maximilians. Bei einem Ball im Charlottenburger Schloß in Berlin lernten sich beide im Herbst 1838 kennen, doch – zum Leidwesen der Eltern – nicht lieben. Maximilian muß zwar von der Attraktivität Olgas entzückt gewesen sein, doch die rassige Zarentochter fand nun einmal keinerlei Gefallen an dem Prinzen aus Bayern. Damit auch keinerlei Mißverständnisse aufkamen, ließ sie den Prinzen im Rahmen des Schicklichen wissen, was sie von ihm hielt, nämlich nichts. Das verletzte Maximilian offensichtlich so sehr, daß er alle weiteren Anstrengungen unterließ und ab sofort eine Heirat mit der Zarentochter ausschloß. Übrigens nicht nur zum Leidwesen von Ludwig und Therese, sondern auch zur Kümmernis von Zar Nikolaus I. und seiner Frau Alexandra, die engen Beziehungen zum Münchner Hof mehr als wohlwollend gegenüberstanden.

Auch nach der Pleite von Berlin wurden von den Eltern vorsichtig weitere Treffs arrangiert, und bei Ludwig kamen wiederholt diplomatisch verfaßte Anfragen aus Petersburg an, die alle auf Hochzeitspläne hinausliefen. Doch der beleidigte Maximilian winkte verdrossen ab. Olga aber atmete auf und schrieb: »Eine Last fiel mir vom Herzen. Seit dem Besuch in Berlin im Jahre 1838 war der famose Max der Alptraum meines Lebens gewesen.« Die schöne russische Großfürstin zog es schließlich dann doch nach Süddeutschland, aber nicht nach München. In Stuttgart heiratete sie König Karl von Württemberg, mit dem sie eine überaus glückliche Ehe führte.

Nach diesen enttäuschenden Ereignissen entwickelte Maximilian im Jahr 1841 ungeheure Aktivitäten. In Italien und Deutschland ließ er kaum eine Adresse aus, die für ein Mitglied der europäischen Hocharistokratie in Frage kam. Von seiner ruhelosen Brautschau völlig erschöpft, schrieb er am 27. August an seinen Vater in München: »Obgleich des Herumfahrens herzlich müde, bin ich doch im Begriff, wieder in den Wagen zu steigen, da eine von den auf der Liste stehenden Prinzessinnen dort in der Nähe sich aufhalten soll.«

Ludwig, der amüsiert die Anstrengungen seines Sohnes verfolgte, spottete in einem Brief: »Heute in einem Monat, an dem 30. Tage seiner Geburt, will der Kronprinz Bräutigam sein. Von wem? Das weiß ich nicht und er wohl selbst auch nicht, darüber in Hohenschwangau sinnend.«

Maximilians Zögerlichkeit hin, Ludwigs Spott her – im Februar 1842 war es schließlich doch so weit. Der bayerische Kronprinz hatte seine Wahl getroffen. Im Charlottenburger Schloß, dort, wo er vor vier Jahren die russische Zarentochter Olga getroffen hatte, gab Prinz Wilhelm von Preußen ein rauschendes Fest. Der Anlaß war kein geringer: Bayerns Kronprinz verlobte sich mit Prinzessin Marie, der Tochter des Gastgebers. Die hübsche Frau war gerade 16 Jahre alt, somit 14 Jahre jünger als ihr zukünftiger Mann. Aus München kamen keinerlei Einwände. Ganz im Gegenteil. Für Ludwig I. galt eine preußische Schwiegertochter als durchaus akzeptabel, auch wenn sie protestantisch war. Eine Mischehe war im Hause Wittelsbach kein Novum mehr. Der bayerische König war schließlich selbst mit einer evangelischen Frau verheiratet. Auf einer Konversion bestand auch in diesem Fall niemand.

Prinzessin Marie, ein frisches unverkrampftes Mädchen, entzückend anzuschauen, war am 15. Oktober 1825 in Berlin zur Welt gekommen. Ihr Vater war als preußischer Gouverneur im Rheinland tätig, weshalb Marie ihre ersten Kindheitstage in Köln und Mainz verbrachte. Ihre Mutter war Prinzessin Marie Anna, Landgräfin von Hessen-Homburg. Durch die Verlobung blieb der deutsche Hochadel somit wieder einmal unter sich.

Ihre glücklichste Jugendzeit verbrachte Marie auf Schloß Fischbach im Riesengebirge, einem stattlichen Landgut, das ihr Vater mit Geschmack und Umsicht zu einer imposanten Adresse ausgebaut hatte. In dieser schlesischen Idylle erwachte in Marie schon frühzeitig eine ausgeprägte Liebe zur Natur. In Fischbach machte sie auch ihre erste Bekanntschaft mit Menschen aus dem Alpenraum, der für sie später so wichtig werden sollte.

Protestantische Österreicher aus dem Zillertal hatten sich in der Zeit der Glaubenskriege des 17. Jahrhunderts hierher zurückgezogen und ihre Tiroler Bräuche mitgebracht – ihre Lieder, ihre Küche, ihre Lebensart. Die Sehnsucht nach romantischer Landschaft, die Begeisterung für die Vegetation der Bergwelt wird Marie bis ins hohe Alter nicht mehr loslassen.

Für den 5. Oktober 1842 wurde die Trauung in Berlin angesetzt, nach dem Wunsch der Brauteltern in einer protestantischen Kirche. Was heute unmöglich erscheint, war damals keineswegs außergewöhnlich: Der Bräutigam nahm an der Trauungszeremonie gar nicht teil. Maximilian ließ sich durch Maries Cousin Prinz Wilhelm vertreten, der 1871 zum deutschen Kaiser ausgerufen wurde. Unmittelbar nach der evangelischen Hochzeit wurde der Trauring, den Marie trug, von einem Sonderkurier nach München gebracht.

Drei Tage später, am 8. Oktober, traf die Preußen-Prinzessin in Bayreuth ein. Bis zur bayerischen Grenze wurde die künftige Königin von ihren Eltern begleitet. Dann fand eine feierliche Zeremonie statt. Graf Seinsheim, einer der engsten Vertrauten Maximilians, führte das wittelsbachische Empfangs-Komitee an, das den Auftrag hatte, Marie in einer Art Triumphzug durch die bayerischen Lande nach München zu geleiten. Hier wartete am 11. Oktober in der Ludwigstraße eine riesige Menschenmenge, die – laut Augenzeugenberichten – beim Anblick der Braut in Jubelschreie ausbrach. In der Nähe der Residenz wartete der Kronprinz auf die hübsche Fracht aus Berlin.

Ganz gegen die Etikette vergaß Maximilian einmal seine steife, hölzerne Art und sprang über seinen Schatten: Er hob seine Braut aus der Staatskarosse und küßte sie herzlich in aller Öffentlichkeit.

Für den folgenden Tag wurde die Hochzeit angesetzt. Ganz München war auf den Beinen, denn Ludwig hatte sich für das Fest etwas ganz Besonderes einfallen lassen.

Zusammen mit Maximilian und Marie wurden vom König 36 Brautpaare aus allen bayerischen Regionen eingeladen, sie alle sollten zusammen mit dem Kronprinzen Hochzeit halten.

Natürlich verband Ludwig mit dieser großzügigen Geste wieder einmal eine politische Absicht. Bayern war zwar dank Napoleons kräftiger Korrektur der deutschen Landkarte 1806 um die schwäbischen und fränkischen Provinzen erweitert worden, doch die willkürliche Vergrößerung des Königsreichs war bei den Neu-Bayern nicht auf ungeteilte Gegenliebe gestoßen. Um das Zusammengehörigkeitsgefühl zu fördern, erinnerte sich Ludwig eines bewährten Brauchs der Wittelsbacher: Große Feste stärken das bayerische Nationalgefühl. Die Hochzeit seines Sohnes erschien ihm ein geeigneter Anlaß, monarchische Macht zu zelebrieren.

Ganz München war auf den Beinen, die Stadt zeigte sich in festlichem Gewand. Nach zeitgenössischen Augenzeugenberichten hatte es in der Residenz nie zuvor ein größeres Fest gegeben. München verwandelte sich in einen einzigen Prunksaal. Allein der Drechslermeister Eder verkaufte an diesem Tag 10 000 Fahnen.

Die kirchliche Trauung, dieses Mal katholisch, fand in der Allerheiligen Hofkirche statt, einer der Prachtbauten, mit denen Ludwig die Residenz erweitert hatte. Leo von Klenze war der Architekt des Gotteshauses, dessen Vorbild in Palermo steht. Die sizilianische Cappella Palatina in ihrem byzantinisch-normannischen Mischstil hatte den König bei einer seiner vielen Italien-Reisen so beeindruckt, daß er Klenze damit beauftragte, eine freie Nachbildung für die bayerische Hauptstadt zu konzipieren. Fünf Jahre vor Maximilians Hochzeit war sie fertig geworden.

Der glanzvolle Hofball hatte einen für Ludwig ebenso bemerkenswerten Schauplatz. Mit dem großen gesell-

schaftlichen Ereignis wurde der eben fertiggestellte Festsaaltrakt der Residenz offiziell eingeweiht, der heute Her-
kulessaal heißt. Auch dieser Bau ist ein Werk Leo von
Klenzes und markiert in Ludwigs Bauprogramm einen
besonders wichtigen Akzent. Denn mit dem Festsaaltrakt
fand der Residenzkomplex seinen nördlichen Abschluß,
und der Hofgarten war um eine prachtvolle Fassade
reicher geworden.

Ludwig I. war zeitlebens empfänglich für den Reiz
weiblicher Schönheit. Marie, seine Schwiegertochter,
paßte ganz und gar in seine Geschmacksvorstellungen.
Was lag deshalb näher, als sofort den Hofmaler Joseph
Stieler zu alarmieren. Der Auftrag war klar. Ludwig
brauchte ein Porträt der adretten Preußen-Prinzessin für
seine Schönheits-Galerie. Das Bild, das entstand, gehört
seither zu den Glanzstücken dieser Sammlung schöner
Frauen-Porträts. Ursprünglich für die Residenz gedacht,
hängt die Gemälde-Serie heute im Schloß Nymphenburg. »Lieblich, kindlich, urgemütlich« – so lautete das
fachmännische Urteil des Königs über seine Berliner
Schwiegertochter, deren weibliche Reize er besonders zu
schätzen wußte, er, der sich dem Charme einer Frau nie
entziehen konnte.

Maximilians junge Gemahlin war das pure Gegenteil
ihres Mannes. Mit seiner Ernsthaftigkeit, seiner Pedanterie, seiner Schwerblütigkeit und seinen oft steifen Umgangsformen hatte Marie ihr Leben lang ihre Schwierigkeiten. Denn die muntere Prinzessin liebte belanglose
Plaudereien, lachte gerne, war unternehmungslustig.
Doch für ernste Lektüre entwickelte sie wenig Sinn. Sehr
zum Leidwesen ihres Mannes, der wiederholt versuchte,
seine Frau für wissenschaftliche Probleme zu interessieren, allerdings ohne jeglichen Erfolg. Maximilian konnte
ungehalten werden, wenn Marie mit fröhlicher Unbe-
kümmertheit in ernsthafte Diskussionen hineinplatzte

und tiefsinnige Gespräche mit harmlosen Tratschge-
schichten unterbrach.

Der Kronprinz, der einen starken Hang zum Belehrenden hatte, nahm sich immer wieder vor, seine Frau zu er-
ziehen. Doch er kam mit seinen pädagogischen Versu-
chen nicht weit. Marie liebte das einfache Leben über
alles, vor allem auf Schloß Hohenschwangau, wo sie
keine Rücksicht auf die Hofetikette zu nehmen brauchte
und wo sie der von ihr besonders geliebten Bergwelt besonders nahe war. Wo sie auch einen herzhaften Appetit
entwickelte, oft zum Leidwesen ihres Mannes, der immer
um ihre zarte, schlanke Figur besorgt war.

Die Burg Hohenschwangau war aber nicht nur Maries
Sehnsuchtsort. Das alte historische Gemäuer bei Füssen
hatte für den geschichtsbewußten Maximilian eine ganz
zentrale Bedeutung. Für ihn war das Gebäude mehr als
das opulente Quartier für die Sommerfrische, bei der
Marie gerne zum Pilzesammeln ging, nach dem seltenen
Edelweiß Ausschau hielt und zu größeren Bergwande-
rungen aufbrach. Hohenschwangau – das war für den
Kronprinzen und späteren König der Ort konzentrierter
Geschichte, an dem er Gelehrte und Poeten zu tiefsinni-
gen Gesprächen empfing, der einzige Ort der Welt, an
dem er ein gesteigertes Lebensgefühl empfand.

Im Jahr 1829 hatte er zusammen mit seinem Erzieher
Georg Öttl, seinem jüngeren Bruder Otto und Franz von
Pocci eine Fußreise von München ins Allgäu unternommen. Beim Anblick der Ruine Schwangau verschlug es
dem 18jährigen Kronprinzen den Atem. Die wildroman-
tische Landschaft, in der das halbverfallene Schloß lag,
faszinierte den schwärmerischen jungen Wittelsbacher
so sehr, daß er beschloß, die verlassene Burg zu erwerben, um sie zu restaurieren. Drei Jahre später konnte er
seinen Vater davon überzeugen, daß der Plan realisiert
werden mußte. Der Kaufvertrag kam zustande, für 7000

Gulden kam Hohenschwangau wieder in den Besitz der Wittelsbacher, die hier früher schon einmal Burgherren waren.

Die Geschichte des Gebäudes war höchst wechselvoll. Im frühen 12. Jahrhundert gehörte die Burg den Welfen. Sie lag strategisch günstig an einem uralten Handelsweg, der von Italien nach Norden führte. Im Jahr 1191 fanden die Staufer Gefallen an dem befestigten Stützpunkt. Konradin, der letzte Staufer, soll auf Hohenschwangau Abschied von seiner Mutter genommen haben, ehe er, alle Warnungen in den Wind schlagend, von hier aus nach Süditalien zog, wo ein grausames Ende auf ihn wartete. Lang ist die Reihe der Besitzer. Den Wittelsbachern, den Schyren gehörte die Burg. Das Haus Habsburg hielt Hohenschwangau für so attraktiv, daß selbst Kaiser Maximilian hier gelegentlich Hof hielt. Er soll in dem alten Gemäuer den aus dem Elsaß stammenden Bußprediger Gailer von Kaisersberg, einen Vorläufer der Reformatoren, zu langen theologischen Diskussionen empfangen haben. Angeblich hielt sich auch Luther gelegentlich auf Hohenschwangau auf.

Im Zuge der napoleonischen Kriege wurde die mehrfach zerstörte Burg von Tiroler Freischärlern 1809 endgültig verwüstet. »Hier weht noch der Atem meiner Ahnen«, rief Maximilian aus, als er zum ersten Mal durch die Ruine schritt und sich entschloß, die Burg zu restaurieren. Was dann auch zügig geschah. Der aus der Nähe von Como stammende Münchner Bühnenmaler Domenico Quaglio, dem München einige seiner schönsten Stadtansichten aus dem beginnenden 19. Jahrhundert verdankt, bekam den Auftrag, Hohenschwangau wieder aufzubauen. Es ist sicher kein Zufall, daß Maximilian 1833 ausgerechnet einen Bühnenbildner für dieses Projekt engagierte. Denn Quaglio sollte schließlich keinen praktischen Nutzbau erstellen, kein militärisches Festungswerk reaktivieren, sondern für den schwärmerischen Kronprinzen einen Traum realisieren und eine mittelalterliche Kulisse in die Gebirgslandschaft zaubern, die an eine ferne heroische Vergangenheit erinnerte.

Für die Planung wurde die englische Tudor-Gotik zum Vorbild genommen, die Maximilian bei Reisen nach London zu faszinieren begann. Ihre Formensprache griff auf mittelalterliche Konstruktionen und Ornamente zurück. Neben Domenico Quaglio, der bis zu seinem Tod die oberste Bauleitung hatte, wirkten an dem Projekt auch die Münchner Architekten Ziebland und Ohlmüller mit, die in der Umsetzung mittelalterlicher Bauformen bereits größere Erfahrung gesammelt hatten – zum Beispiel bei den Münchner Kirchen St. Bonifaz und Maria Hilf in der Au.

Im Inneren der Burg ließ Maximilian große Gemälde-Zyklen anlegen. Sie breiteten opulent die Geschichte der Staufer und Welfen, der Schyren und Wittelsbacher aus. Der Kronprinz als Auftraggeber wollte sich damit selbst in einen großen historischen Zusammenhang stellen, seine geschichtliche Legitimation als künftiger Herrscher Bayerns dokumentieren. Nach dem Ausbau, der im Jahr 1837 im wesentlichen abgeschlossen war, wurde Hohenschwangau zum Treffpunkt von Maximilians wichtigsten Gesprächspartnern. Hier empfing er den Dichter Friedrich Rückert und den Historiker Leopold von Ranke, hier diskutierte er mit dem Orientalisten Jakob Philipp Fallmerayr und dem Philosophen Schelling, auch der Münchner Poeten-Kreis um Paul Heyse fand sich in der romantischen Burg am Fuße der Alpen gelegentlich zu Rezitationsabenden ein.

Die Liebe zu dieser Landschaft wie auch die Sehnsucht nach der Welt des Mittelalters hat sich ganz offensichtlich auf Maximilians ältesten Sohn Ludwig vererbt. Der spätere Märchenkönig baute ganz in der Nähe seine Sehnsuchtsburg. Neuschwanstein wurde zum architektonischen Symbol für die Traumwelt, mit der sich Ludwig II. gerne umgab, um den Niederungen der Regierungsgeschäfte zu entgehen. Ganz im Gegensatz zu seinem Vater, der auch auf Hohenschwangau nie den Bezug zur harten Realität der Regierungsgeschäfte verlor, denen er sich mit eiserner Disziplin und nie nachlassendem Pflichtgefühl auch stellte. Während für Ludwig II. die romantische Burgkulisse zum Fluchtpunkt wurde, schätzte Maximilian sein liebstes Bauprojekt in seinem Stellenwert völlig realistisch ein, wenn er das Gemäuer einmal so charakterisierte: »Meiner Jugend schöner Traum.«

Ganz und gar hingerissen von Hohenschwangau war Maximilians Frau Marie. Als sie die Burg in ihrer romantischen Umgebung zum ersten Mal sah, schwärmte sie in einem Brief an ihre Eltern in Berlin: »Ich war ganz weg von dem Anblick der Berge.« Man darf der Preußen-Prinzessin unterstellen, daß sie an der mittelalterlichen Architektur und den historischen Gemälden weniger Gefallen fand, genauer gesagt, diese Art von Traumwelt ließ sie vermutlich unberührt. Was sie interessierte und faszinierte, war der Stützpunkt in den Alpen, die bequeme Sommerresidenz, in der sie sich unbeschwert von den Zwängen der Münchner Hofgesellschaft frei bewegen und ihrer Neigung zum einfacheren Lebensstil nachgehen konnte.

Die Liebe zu den Bergen – die war beiden gemeinsam, Maximilian wie Marie. Auf langen Wanderungen gingen sie auf Entdeckungsreise. Maximilian schätzte besonders die Hochgebirgsjagd, seine Frau wurde zu einer der ersten Alpinistinnen, die auch vor waghalsigen Touren nicht zurückschreckte. Ihr Hobby schockte die damalige feinere Gesellschaft. Eine Frau als leidenschaftliche Bergsteigerin – das war nach der höfischen Etikette um die Mitte des 19. Jahrhunderts undenkbar. Aber Marie ließ sich nicht schrecken, auch wenn ihr Traum, einmal die Zugspitze zu besteigen, unerfüllt blieb. Dafür schaffte sie aber bei einer für damalige Verhältnisse riskanten Exkursion den Watzmann.

So ungleich das Paar auch war, beide führten nach dem Urteil ihrer direkten Umgebung eine glückliche Ehe. Gegenseitiger Respekt, zuvorkommende Rücksichtnahme und tief empfundene Religiosität waren die Fundamente, auf denen ihr Zusammenleben ruhte. Von einer leidenschaftlichen Beziehung freilich kann wohl keine Rede sein. Damit befanden sich Maximilian und Marie aber in der Gesellschaft der meisten Fürstenehen des ausklingenden Feudalismus, der die Ehe der Herrscher ohnehin mehr als rein pragmatische Angelegenheit wertete.

Die Nachwelt ging mit der Preußen-Prinzessin Marie nicht immer gerade taktvoll um. Die beiden Söhne, die sie zur Welt gebracht hatte, litten unter Schwermut. Ludwig II. wurde zum sonderbaren Einzelgänger, sein Bruder Otto siechte in geistiger Umnachtung im Fürstenrieder Schloß vor sich hin. Ohne die wirklichen Ursachen dafür zu kennen, wurde Marie die Schuld zugeschoben. Die Preußen-Prinzessin brachte den Irrsinn nach Bayern – wurde leichtfertig über dieses schwere Schicksal gespottet.

Der Thron als Herausforderung

Es war ein dramatischer Tag, dieser 30. März 1848. Vorausgegangen war eine stürmische Nacht. Kronprinz Maximilian beschwor seinen Vater, durchzuhalten. Doch Ludwig I. ließ nicht mehr mit sich reden. Er hatte seinen Rücktritt beschlossen. 61 Jahre war er alt, dieser bemerkenswerte Wittelsbacher, als er sich zu seinem spektakulären Thronverzicht durchgerungen hatte. Ein Vorgang, der in der Geschichte des Hauses Wittelsbach ohne Beispiel war. Maximilians große Stunde hatte geschlagen. Sie als besonders erfreulich zu empfinden, war der älteste Sohn Ludwigs zu diesem Zeitpunkt nicht in der Lage. Zu sehr fürchtete er die Last der Krone, die Bürde der Regierungsverantwortung, die in einem Augenblick auf ihn zukam, da die Fundamente der Monarchie tiefe Risse zeigten und Europa im Umbruch war. Als Herrscher fühlte er sich nicht geboren, viel lieber wäre er Professor geworden, hätte eine wissenschaftliche Karriere eingeschlagen.

Doch die exakt festgelegten Hausgesetze der Wittelsbacher duldeten keine andere Möglichkeit als die, die Herausforderung der Thronfolge anzunehmen. Maximilian war 37 Jahre alt, verheiratet mit der Preußen-Prinzessin Marie, hochgebildet, ein Mann von umfassenden Kenntnissen, wohl vorbereitet auf das ihm kraft Geburt zugedachte Amt, weltgewandt und welterfahren – doch kein Mann der Tat.

In seiner Abdankungsurkunde hatte Ludwig I. geschrieben: »Ich lege die Krone nieder zugunsten meines geliebten Sohnes, des Kronprinzen Maximilian. Treu der Verfassung regierte ich, dem Wohl des Volkes war mein Leben geweiht. Ich kann jedem offen in die Augen schauen. Auch vom Throne herabgestiegen, schlägt glühend mein Herz für Bayern, für Teutschland.« Das war eine klare Sprache, zupackend und unmißverständlich, ganz die Diktion des großen Wittelsbachers, der die Begeisterung, aber auch die Konsequenz schätzte. Höfische Schnörkel waren seine Sache nicht, er liebte das Direkte, privat wie öffentlich.

Ludwig lebte nach seiner Abdankung noch zwanzig Jahre, er überlebte den Sohn, der vier Jahre vor ihm starb. Dessen Regierungsjahre betrachtete er aus der Distanz, kritisch bis resigniert. Ludwig hat einen Schlußstrich unter ein Kapitel bayerischer Geschichte gezogen, das auch ohne seinen Opfergang zu Ende gegangen wäre. Der zweite König auf Bayerns Thron erwarb sich während seiner 23jährigen Regierungszeit unbestreitbare Verdienste. Seine Idee vom Kunstkönigtum hatte einen großen Zuschnitt, eine prägende Kraft, die aus einer verschlafenen Provinz-Residenz eine Stadt von europäischem Rang machte. Seine Funktion als Förderer der Architekten, Bildhauer und Maler, sein Mäzenatentum lösten wegweisende Impulse aus. Doch all diese Verdienste können nicht darüber hinwegtäuschen, daß Ludwig I. politisch gescheitert ist.

Den letzten Akt seiner Regierungsperiode läutete eine Frau ein. Im Oktober 1846 fand eine schicksalhafte Begegnung mit einer femme fatale statt, die sich als spanische Tänzerin ausgab und den wohlklingenden Namen Maria de los Dolores Porrys e Montez führte. Daß sie in Wahrheit eine weitgereiste Abenteuerin war, deren Wiege nicht in Spanien, sondern in dem irischen Städtchen Limerick stand, wurde in München erst sehr viel später bekannt. Ludwig jedenfalls wußte es nicht. Der Vater der ›spanischen Fliege‹, wie die Tänzerin in München genannt wurde, war ein englischer Offizier, die Mutter eine kreolische Putzmacherin.

Der inzwischen 60jährige König, der sich an der Schwelle des Greisenalters befand und sich stark vereinsamt fühlte, war bei einer Privataudienz von der erotischen Anziehung der ›babylonischen Hur‹ so hingerissen, daß er sich bei der ersten Begegnung in der Münchner Residenz sofort in die Frau verliebte.

Die Folgen dieser Affäre, die Lola Montez hinreichend für sich auszunutzen verstand, stürzten Bayern in eine tiefe politische Krise. Denn Lola beließ es nicht bei privaten Vergünstigungen. Sie nutzte ihre Verführungskünste auch dazu, dem König einen bestimmten Einfluß auf politische Entscheidungen abzutrotzen. Derartige Vorgänge wurden zwar während der Hochblüte des Absolutismus im 18. Jahrhundert noch hingenommen, doch spätestens seit den Tagen der Französischen Revolution im Jahr 1789 waren derlei feudalistische Entgleisungen für einen Fürsten mehr als problematisch. Und in den späten vierziger Jahren des 19. Jahrhunderts, in denen ein selbstbewußt gewordenes Bürgertum um eine Verfassung und somit um Mitspracherechte kämpfte, galten solche Entgleisungen als zynischer Anachronismus.

Der Feudalismus des 17. und 18. Jahrhunderts hatte abgewirtschaftet, selbst letzte Drohgebärden eines absolutistisch verstandenen Monarchiebewußtseins besaßen keinerlei Überzeugungskraft mehr. Für Mätressen hatte man allenfalls noch Verständnis, doch daß sie Einfluß auf die Regierungsgeschäfte haben sollten, war nicht mehr zu akzeptieren. Es gehört zu Ludwigs großen Mißverständnissen, daß er nicht rechtzeitig den Ernst der Lage durchschaute, obwohl in ganz Europa bereits das Fieber einer neuen Revolution um sich griff. Wo und wann auch immer Lola einen ihrer provozierenden Auftritte inszenierte, kochte die Volkswut. Das Feuer der Empörung, das die Geliebte des Königs in München entfacht hatte, war nicht mehr zu löschen. Blutiger Aufstand drohte – und das mitten in der Hauptstadt Bayerns.

Höhepunkt von Lolas überzogenen Forderungen war ihr Wunsch auf Einbürgerung. Er war verbunden mit der kaltschnäuzig vorgebrachten Forderung, in den Adelsstand erhoben zu werden. Dadurch erhoffte sie sich einen größeren gesellschaftlichen Einfluß, denn Bayerns feinere Kreise mieden die spanische Fliege und betrachtete sie als das, was sie war: eine arrivierte Mätresse. Die Bereitschaft, Lola zu höheren Ehren zu verhelfen, war denkbar gering – beim Adel wie beim Bürgertum. Die Münchner Salons, in denen die bessere Gesellschaft verkehrte, blieben ihr ebenso versperrt wie der Hof. Es gab auch keine andere bayerische Stadt, die sich bereit gefunden hätte, einer Einbürgerung der Mätresse des Königs zuzustimmen. Der Staatsrat, den Ludwig entsprechend der Verfassung konsultieren mußte, winkte ebenfalls ab.

Somit blieb dem Monarchen nur mehr eines übrig: die Flucht nach vorn. Sie war zwar verfassungsrechtlich möglich, doch höchst unpopulär. Ludwig ordnete per Dekret Lolas Einbürgerung an und erhob seine Geliebte in den Adelsstand. Die spanische Tänzerin durfte sich ab sofort Gräfin Landsfeld nennen.

Der Alleingang des Königs hatte böse Folgen. Sein Kabinett, an der Spitze der erzkonservative erste Minister Karl von Abel, schickte dem Monarchen ein Memorandum, das durch eine gezielte Indiskretion auch gleich an die Öffentlichkeit gelangte. In ihm heißt es in unmißverständlichen Worten: »Das bayerische Nationalgefühl ist aufs tiefste verletzt, weil Bayern sich von einer Fremden, deren Ruf in der öffentlichen Meinung gebrandmarkt ist,

Maximilian II., König von Bayern

Jugendbildnis Maximilians

Begegnung der Prinzessin Marie von Preußen
mit König Max II. auf dem hohen Straußberg (1842)

Max II.,
König von Bayern seit 1848

regiert glaubt, und so mancher Tatsache gegenüber nichts diesen Glauben zu entwurzeln vermag.« Der König fühlte sich durch dieses Schreiben gedemütigt. Die Regierung Abel trat zurück, was von ihr einkalkuliert war.

Das ›Ministerium der Morgenröte‹ folgte, geführt von Justizminister Georg Ludwig von Maurer. Das liberale München war angesichts dieser Entwicklung gespalten. Der entlassene Kabinettchef Karl von Abel galt als Symbolfigur der Reaktion, als Verhinderer längst überfälliger Reformen. Sein von ihm selbst provozierter Rücktritt, mit dem er nach Einschätzung vieler Historiker einem demütigenden Rausschmiß zuvorgekommen war, löste Aufatmen aus, und das nicht nur in Bayern. Doch die Begleitumstände – sie blieben eben suspekt, waren undurchsichtig, skandalumwittert.

Ludwig selbst stand in einem denkbar schlechten Licht da, als ein Mann, der wegen der Launen einer mißgünstigen und ehrgeizigen Frau die Stabilität seines Landes aufs Spiel setzte. Der Nachgeschmack der Kabinettsumbildung mußte schal bleiben, das Etikett ›Ministerium der Morgenröte‹ löste keineswegs das Gefühl aus, daß jetzt mit einem radikalen liberalen Neubeginn zu rechnen sei.

Wenngleich einiges verändert wurde. Vorbei war es mit dem starken Einfluß des bis dahin einflußreichen Kreises um den erzkonservativen Vordenker Joseph Görres, der zwar zu diesem Zeitpunkt bereits tot war, dessen Gedankengut in seiner Anhängerschaft aber noch in üppiger Blüte stand. Das Weltbild des streng katholisch geprägten Philosophen, der auf dem wichtigsten Lehrstuhl der Universität saß, war vom Geist der Romantik geprägt und stand in totalem Gegensatz zu allen Reformbewegungen, die sich vor der Revolution von 1848 artikuliert hatten. Nach Abels aufsehenerregendem Rücktritt fand an der Universität auf Betreiben des Königs eine große

Säuberungsaktion statt. Der Monarch nahm bittere Rache an allen, die dem Görres-Kreis nahestanden.

Völlig falsch wäre es allerdings, daraus den Schluß zu ziehen, daß Ludwig mit dem Arbeitsantritt des ›Ministeriums der Morgenröte‹ von seiner konservativen Gesinnung abgerückt wäre und liberaleren Ideen, denen er bis 1830 nahestand, mehr Raum gegeben hätte. Keinen Millimeter rückte er von seiner Einstellung ab – und die war nach wie vor vom Geiste des späten Absolutismus geprägt, der den herrschenden Fürsten als unangefochtenen Autokraten sah, der in seinem Handeln und Entscheiden ausschließlich sich selbst und keinem Parlament verantwortlich war.

Gleichwohl war Ludwig zu Zugeständnissen bereit. Dem Druck der öffentlichen Meinung gab er entgegen seiner Überzeugung insofern nach, als er mehr Mitspracherecht erlaubte. Die bestehende Verfassung wurde um einige nicht unwesentliche Punkte erweitert. So kam es zu einer Lockerung der Zensur, die Gerichtsverfahren wurden öffentlich, das radikale Verbot von Studentenverbindungen entfiel. Die Universität erhielt eine liberalere Verordnung. Für den Herbst 1847 wurde ein außerordentlicher Landtag einberufen, der sich mit einer grundsätzlichen Reform der Gesetzgebung zu befassen hatte.

Doch Lola Montez, noch immer ein großes Ärgernis für die Münchner Bevölkerung, lebte weiterhin unter dem Schutz ihres fürstlichen Gönners. Ihr Haus in der Barer Straße, das der König aus seiner Privatschatulle bezahlt hatte, wurde wiederholt das Ziel studentischer Protestdemonstrationen. Im Februar 1848 blies Ludwig der Wind scharf ins Gesicht. Der Sturm der Revolution hatte in Paris den Bürgerkönig Louis Philippe vom Thron gefegt. Die Nachricht vom erfolgreich verlaufenen Kampf gegen herrschende Machtstrukturen hatte München rasch erreicht. Die nach wie vor selbstherrliche Art von Ludwigs Regierungsstil, der einer mediokren Frau zu einflußreichen Pfründen verhalf, wurde in besonderem Maße zur Herausforderung.

Am 9. Februar 1848 beging Ludwig einen seiner schwersten Fehler. Wegen der anhaltenden studentischen Proteste, die inzwischen von den Münchner Handwerkern unterstützt wurden, verfügte er die Schließung der Universität. Die Empörung über diesen unverzeihlichen Akt der fürstlichen Willkür erfaßte die ganze Münchner Bevölkerung. Es kam zu einem ersten Aufstand. Ludwig gab nach. Am 11. Februar wurde die Hochschule wieder geöffnet, der König verfügte die Ausweisung der spanischen Tänzerin. Die Münchner waren sofort versöhnt und feierten ihren Monarchen.

Gleichwohl war der öffentliche Druck auf den Monarchen nicht vorüber. Die Studentenschaft, Teile des Adels und das Bürgertum drängten auf eine Verfassungsreform. Als Ludwig keinerlei Entgegenkommen zeigte, kam es zum offenen Aufstand. Am 4. März stürmten Tausende das Zeughaus und bewaffneten sich. Ein zu allem entschlossener Protestzug bewegte sich in Richtung Residenz. Auf dem Promenadeplatz kam es fast zum blutigen Kampf. Militär war aufgezogen, um den Zug zu stoppen. Die Ereignisse eskalierten, ein todbringendes Gemetzel mit unabsehbaren Folgen schien unabwendbar.

Da kamen aus der Umgebung des Monarchen erste Zeichen, die Bereitschaft zum Einlenken signalisierten. Ludwig entschloß sich zu den sogenannten März-Proklamationen. Mit ihnen kam er den gestellten Forderungen in einigen wesentlichen Punkten entgegen. Der König garantierte die Pressefreiheit, versprach eine gerechtere Wahlordnung, die nicht mehr an Stand und Einkommen gebunden war, die Eigenverantwortlichkeit der Minister und eine grundlegende Reform des Polizeigesetzes. Der Justiz wurde mehr Unabhängigkeit versprochen.

Durch die März-Proklamationen blieb München erspart, was in Wien und Berlin zu blutigen Aufständen mit vielen Toten und Verletzten geführt hatte. Die zuerst empörten Bürger lieferten nach den königlichen Zugeständnissen ordnungsgemäß ihre Waffen wieder im Zeughaus ab, der Volksaufstand war beendet.

Die Regierungszeit Ludwig I. allerdings auch. Er fühlte sich in seinem Selbstverständnis als Monarch durch die Zugeständnisse, die er unter dem Druck der Massen gemacht hatte, erniedrigt und gedemütigt. Daran vermochte auch die Tatsache nichts mehr zu ändern, daß die Münchner Bevölkerung den König nach der Verkündigung der März-Proklamationen stürmisch feierte. Der Fürst hatte erkannt, daß seine Vorstellung von Staatsführung nicht mehr länger durchsetzbar war. Die Zeiten des Feudalismus waren endgültig vorbei, eine Epoche europäischer Geschichte war zu Ende gegangen.

Am 19. März versammelte der noch amtierende König alle volljährigen Prinzen des Hauses Wittelsbach in der Residenz, die Lage zu beraten. Maximilian, der Thronfolger, beschwor seinen Vater, trotz der Krise durchzuhalten. Doch dem Monarchen dürfte nicht entgangen sein, daß er inzwischen auch in seiner eigenen Familie stark umstritten war – trotz Berücksichtigung aller Verdienste in den letzten 23 Jahren. Die Demütigungen, die Königin Therese durch die Affäre Lola Montez erfahren mußte, waren nicht so leicht aus der Welt zu schaffen. Aber mehr noch wog, daß Ludwig durch sein halsstarriges Verhalten die Zukunft der Dynastie leichtfertig aufs Spiel gesetzt hatte. Kein Mitglied des Hauses Wittelsbach verspürte Lust, sich den Wogen einer blutigen Revolution auszusetzen. Gleichwohl blieb die letzte Entscheidung zum Rücktritt allein Ludwigs Angelegenheit. Und der hatte bereits entschieden, daß er nicht mehr in die neu angebrochene Zeit paßte. Er formulierte seine Abdankungsurkunde.

Der Rücktritt Ludwigs im März 1848 hat Bayern möglicherweise vor schweren innenpolitischen Auseinandersetzungen, vor gewaltsamen Aufständen und Blutvergießen bewahrt. Die Selbstzerfleischung mit all ihren verheerenden Folgen fand nicht statt, das Staatswesen blieb funktionsfähig. In seinem Sohn Maximilian II. fand der abgedankte König einen Nachfolger, der mit Pflichtbewußtsein und Verantwortungsgefühl seine ihm zugeteilte geschichtliche Rolle ohne jeglichen Überschwang übernahm. Ruhig und besonnen, ohne die Dynamik und Entschlußfreudigkeit seines Vaters, setzte er sich an seinen Schreibtisch in der Residenz.

Die Historiker sind sich keineswegs darüber einig, ob Ludwigs Entschluß, sich im März 1848 aus dem aktiven politischen Geschäft zurückzuziehen, richtig und notwendig war. Möglicherweise, so laufen die Spekulationen der Geschichtsanalytiker, hätte die deutsche Politik des späteren 19. Jahrhunderts einen anderen Verlauf genommen, wenn Ludwig statt Maximilian länger am Schaltpult der bayerischen Macht gestanden wäre. Wenn auch nicht gerade als diplomatisches Genie, so galt der inzwischen abgedankte Monarch doch als einer der fähigsten und herausragendsten Fürsten in Deutschland, dessen Reservoir an politischer Gestaltungskraft bei seinem Rücktritt noch keineswegs erschöpft war.

Hätte er den Hegemonialstreit zwischen Preußen und Österreich verhindern können? Würde die europäische Landkarte somit heute anders aussehen? Die Gedankenspiele sind reizvoll, aber rein spekulativ. Tatsache ist, daß Maximilian II. trotz aller intensiven Bemühungen den Ausschluß Österreichs aus dem deutschen Staatenbund nicht verhindern konnte. Er war somit am unaufhaltsamen Aufstieg Preußens als deutscher Führungsmacht gegen Ende des Jahrhunderts indirekt mitbeteiligt.

Der Historiker Heinrich Treitschke wertete Ludwigs Rücktritt aus der Distanz im Jahre 1894 so: »In blindem Unmut entschloß er sich ganz ohne Not zur Abdankung, die ein Unglück werden sollte für Deutschland und Bayern.« Weniger pathetisch, dafür aber sicherlich richtiger urteilt Max Spindler: »Vom deutschen Standpunkt aus gesehen war es eine unglückliche Fügung, daß eben damals, als eine große deutsche Aufgabe zu lösen war und die Regierungen in Wien und Berlin versagten, jener deutsche Fürst ausschied, der auf fürstlicher Seite in der deutschen Frage die Führung hätte übernehmen können, da er das Vertrauen des ganzen nationalen Deutschland besaß.«

Ludwig ging in Pension, sein zögerlicher Sohn war jetzt gefordert. In der Münchner Residenz fand etwas statt, was es seit dem Bestehen des Hauses Wittelsbach noch nie gegeben hatte. Ein regierender Monarch und ein unter umstrittenen Umständen zurückgetretener König wohnten mit ihrem jeweiligen Hofstaat zusammen unter einem Dach, zumindest für einige Zeit. Daß diese für beide höchst unglückliche Konstellation auf die Dauer nicht gutgehen konnte, liegt auf der Hand. Allein die Verschiedenartigkeit der beiden Charaktere mußte zu Konflikten führen. Maximilians Aufgabe war es, sich durchzusetzen. Und er setzte sich durch – selbst gegen einen Vater, der ihm bisher an Entschlußfreudigkeit weit überlegen gewesen war.

Freiheit und Gesetzmäßigkeit

Maximilian war König geworden. Doch er sah keinerlei Veranlassung, seine Thronbesteigung zu einem spektakulären öffentlichen Ereignis zu machen. Für die Zurückhaltung gab es gute Gründe. Zum einen waren dem Fürsten, der menschenscheu und gehemmt wirkte, wenn er bei repräsentativen Auftritten erschien, prunkvolle Staatsaktionen ohnehin ein Greuel. Der Monarch, der lieber am Schreibtisch saß, als öffentlich Macht zu demonstrieren, hielt glanzvolle monarchische Schauveranstaltungen für höchst überflüssig. Rein äußerlich wirkte er ohnehin eher wie ein Privatgelehrter denn als Herrscher. Während sein Vater trotz seiner gelegentlich zur Schau getragenen rüden Strenge das Bad in der Menge sehr wohl genoß und leutselig wildfremde Menschen bei seinen täglichen Spaziergängen durch München unkompliziert in Gespräche verwickelte, übte sich Maximilian immer in äußerster Zurückhaltung, was ihm allerdings auch den Vorwurf des Hochmuts einbrachte.

Entscheidend für den Verzicht auf eine öffentliche Demonstration königlichen Glanzes anläßlich seiner Thronbesteigung war aber auch eine politische Überlegung. Die Unruhen der ersten Märztage des Jahres 1848 und die für das Königshaus zum Teil entwürdigenden Begleitumstände von Ludwigs Rücktritt, die am Lack der Dynastie kratzten, legten es nahe, große Zurückhaltung zu üben. Auch wenn die Affäre Lola Montez dem abgedankten Ludwig I. verziehen war, auch wenn die Revolution im

Frühjahr 1848 sehr friedlich endete, so kann doch nicht übersehen werden, wie aufgeheizt die Stimmung in ganz Europa gegenüber den letzten Resten feudalistischen Gebarens war.

Der Beginn einer neuen Ära in Bayerns Monarchie konnte zu diesem Zeitpunkt nicht mit der Attitüde fürstlicher Machtentfaltung gefeiert werden. Vorsicht war geboten, nicht nur aus Gründen des Takts, sondern auch aus Angst um die Zukunft des monarchischen Systems. Die Askese, die sich Maximilian verordnete und sicherlich auch seinem Naturell keinerlei Schwierigkeiten bereitete, wurde allerdings nicht bei allen richtig verstanden. Einige Zeitgenossen werteten die ersten öffentlichen Auftritte des neuen Königs als Zeichen der Schwäche, des Unvermögens, der Farblosigkeit.

Johann Kaspar von Bluntschli, der angesehene Schweizer Jurist und Staatsphilosoph, der in diesen Tagen gerade seine Münchner Professur antrat, spottete in Briefen, die er nach Hause schrieb: »Die Ausrufung des neuen Königs durch einen Herold, der durch die Straßen ritt, war matt. Der Zug des Herolds glich einem Fastnachtsscherz. Das Volk nahm wenig Anteil daran und blieb stumm. Die neue Proklamation des Königs ist nichtssagend.«

Auch die Thronrede Maximilians, die er am 22. März vor dem Reichsrat und der Abgeordnetenkammer des Landtags hielt, ließ den Beobachter aus der Schweiz kalt. Sein Urteil über den ersten offiziellen Auftritt des Monarchen formulierte Bluntschli so: »Die Rede ist bloß bürokratisch und hat auf mich einen sehr kühlen, unbedeutenden Eindruck gemacht.«

So spröde der Auftakt der neuen Ära in Bayerns Geschichte auch gewesen sein mag, Maximilian nahm es mit den Versprechungen, die seinem Vater wenige Tage vor seiner Abdankung abgetrotzt worden waren, ernst. Der

neue König zeigte sich entschlossen, den nicht mehr auf-
zuhaltenden innenpolitischen Strömungen Rechnung zu
tragen. Er gab sich liberal und allen fälligen Neuerungen
gegenüber aufgeschlossen. Er ließ unmißverständlich erkennen, daß er die Staatsform des fürstlichen Absolutismus in Bayern für überholt hielt, und versprach ein ›kon-
stitutioneller König‹ zu werden, der das Mitspracherecht
der Abgeordneten beider Kammern und die Verfassung
achtet.

Der kurzfristig einberufenen Abgeordnetenversamm-
lung sagte Maximilian anläßlich seines Regierungsan-
tritts: »Das Ergebnis dieses Landtags bestimmt Bayerns
Stellung in Deutschland. Lassen Sie uns voranleuchten
allen Stämmen. Unser Wahlspruch sei: Freiheit und Ge-
setzmäßigkeit.«

In Bayern zweifelte zu diesem Zeitpunkt niemand
daran, daß Maximilian seine Ankündigungen ernst
meinte. Wenn er auch in monarchischer Tradition erzogen worden und aufgewachsen war, trauten ihm breite
Bevölkerungsschichten eine radikale Abkehr vom feudalistischen Kurs Ludwigs zu, eine liberale Gesinnung
wurde ihm unterstellt. Voll und ganz billigte er die har-
sche Kritik des Fürsten von Leiningen, der zu den führenden Köpfen im Reichsrat gehörte, am politischen Stil
des abgedankten Königs: »Das deutsche Volk duldet in
der Mitte des 19. Jahrhunderts nicht mehr, daß man ihm
unter dem monarchischen Prinzip jenen patriarchali-
schen, wenn auch gut gemeinten Despotismus der Vor-
zeit, jenen bürokratisch alles bevormundenden Staat auf-
drängen will.«

In nur wenigen Wochen setzte Maximilian entschei-
dende Akzente seiner neuen Politik. Als die von Ende
März bis Ende Mai dauernde Landtagsperiode abgeschlossen war, trug das Gesicht Bayerns bereits neue
Züge. Das Ende des absolutistischen Zugriffs auf die Bür-

gerschaft war garantiert, die Gefahr einer alles zerstörenden Anarchie gebannt.

Der Historiker Leopold von Ranke, der Maximilians Weltbild während der Berliner Studienzeit entscheidend mitgeprägt hatte, schrieb an den König von München: »Indem der Boden von Europa erbebt, das Hohe fällt oder in seinen Grundfesten erzittert, erschallt die Nachricht von der Thronbesteigung Ew. Kl. Majestät. Welch ein Geschick, an das Ruder berufen zu werden mitten im Sturm.«

Zu den wichtigsten Neuerungen, die im Landtag durchgesetzt werden konnten, gehörte eine grundsätzliche Reform des überholten Wahlrechts. Bisher konnten nur Männer in das Parlament gewählt werden, die hohe Steuerzahlungen nachweisen konnten, womit ausschließlich wirtschaftlich Privilegierte Zugang zum Landtag hatten.

Diese einseitige Bevorzugung der Arrivierten wurde mit Billigung Maximilians abgeschafft, die Höhe der Steuerleistungen war kein Kriterium mehr, ebensowenig die Zugehörigkeit zu einer bestimmten Berufsgruppe oder zu einem bestimmten Stand. Das neue Wahlrecht rückte in entscheidenden Punkten von der bisherigen, stark ständisch orientierten Regelung ab, die freie Wahlen praktisch unmöglich machte. Auf 30000 Einwohner kam jetzt ein Abgeordneter. Auch das sah die neue Gesetzgebung vor, die freilich eines noch nicht zuließ: die direkte Wahl. Zwischen den Kreis der Kandidaten und der wahlberechtigten Bevölkerung schob sich ein Wahlmänner-Gremium.

Wesentlich verbessert wurde die rechtliche Situation der Bauern, die in Bayern bis 1848 weitgehend von Gutsherren abhängig waren. Die Grundherrschaft wurde total beseitigt. Die Landwirte konnten zwar die Nutznießer des von ihnen bestellten Bodens sein, aber sie blieben dennoch der Willkür der adligen Eigentümer ausgeliefert. Ab sofort wurde ihnen der bearbeitete Boden zuerkannt, und zwar gegen einen vertretbaren Zins. Zwangsabgaben und Dienstleistungen, zu denen die Bauern gegenüber den Gutsherren bisher verpflichtet waren und die oft in menschenverachtende Frondienste ausarteten, wurden ersatzlos gestrichen. Ein drohender Konflikt zwischen Landadel und Bauernschaft war entschärft.

Ein sehr entscheidender Punkt in der neuen Verfassung war die Eigenverantwortlichkeit der Minister, die jetzt gesetzlich verankert wurde. Bisher waren die ranghöchsten Staatsdiener nur Vollzugsgehilfen des Monarchen, nach der neuen Regelung standen sie jedoch beim Parlament im Wort. Ihm mußten sie von nun an Rechenschaft ablegen.

Sind die Minister durch diese Reform wirklich unabhängiger, eigenverantwortlicher geworden? Starke Zweifel sind angebracht. Denn nach wie vor hatte der Monarch das alleinige Recht, seine Minister zu berufen und abzusetzen. Der Landtag konnte somit bei wichtigen Personalentscheidungen im Kabinett nur ohnmächtig zuschauen.

Das auf den ersten Blick so fortschrittlich erscheinende Reformgesetz hatte also einen entscheidenden Haken: Widersetzte sich ein Minister dem Monarchen, mußte er mit seiner Entlassung rechnen. Stellte er sich im Landtag quer, galt er als Günstling des Königs. Nicht wenige Minister wurden durch diese latente Interessenkollision in ihrem Amt aufgerieben.

Ein entscheidender Schritt nach vorn gelang dem Reform-Landtag in der Rechtsprechung. Gutsherren wurde die Gerichtsbarkeit aberkannt, nur noch staatliche Gerichte waren zugelassen. Willkür-Urteile, die in Bayern bis 1848 an der Tagesordnung waren, sind somit zumindest erschwert worden. Prozesse fanden ab sofort grundsätzlich öffentlich statt, die gerichtlichen Auseinandersetzungen mußten mündlich ausgetragen werden.

Den deutschen Sprachschatz bereicherte Maximilian zumindest um ein Wort – es heißt Sozialpolitik. Er hat den Begriff zwar nicht selbst erfunden, sondern der von ihm auf einen Lehrstuhl an die Münchner Universität berufene Volkskundler und Historiker Johann Heinrich Riehl. Der bayerische Monarch nahm das Wort jedoch in sein Regierungsprogramm auf und versuchte den Begriff in konkrete Maßnahmen umzusetzen.

Kinderarbeit, damals gang und gäbe, gehörte zu den großen sozialen Skandalen des 19. Jahrhunderts. Selbst Neun- und Zehnjährige mußten bis zu zehn Stunden am Tag arbeiten. Maximilian kämpfte dagegen an und brachte im Landtag ein Gesetz ein, das die Kinderarbeit generell verbieten sollte. Doch an der liberalen Mehrheit scheiterte das Vorhaben. Begründung: »Das heilige Recht der Eltern, die Verfügungsgewalt über ihre Kinder, darf auf keinen Fall eingeschränkt werden.« Zumindest im staatlichen Bereich wurde aber diese Art von Ausbeutung durch Maximilian verhindert. Er duldete keine arbeitenden Kinder im Hofdienst.

Von Johann Heinrich Riehl übernahm Maximilian nicht nur das Wort Sozialpolitik, sondern eine Maxime, die seine Einstellung zu den durch die Industrialisierung bedingten neuen Lebensbedingungen prägte: »Der Arbeiter hat eine Zukunft, ein Recht als Gesellschaftsgruppe.« Um die wirtschaftliche und soziale Situation des vierten Standes, also der Arbeiterschaft, zu verbessern, unternahm der Monarch viele Anstrengungen. Er gründete Leihkassen, Sparkassen und Krankenunterstützungskassen. Ab dem Jahr 1851 war auf Anregung Maximilians in Bayern gesetzlich verankert, daß die Vergabe von Fabrik-Konzessionen von sozialen Einrichtungen abhängig war. Unternehmer und Beschäftigte wurden verpflichtet,

regelmäßige Beiträge in bestimmte Vorsorgekassen ein-
zuzahlen. Das Geld wurde von der Arbeitnehmerschaft
selbst verwaltet.

Um zu beweisen, wie ernst er sein sozialpolitisches Engagement nahm, trat der König höchstpersönlich in den
Unterstützungsverein der Maurer und Steinmetze im
Münchner Stadtteil Au ein. Wiederholt regte Maximilian
den Bau von Familienhäusern für Arbeiter an. Um ganz
konkrete Vorgaben leisten zu können, schickte er den
Volkswirtschaftler und Begründer der bayerischen Stati-
stik, Friedrich von Herrman, auf Dienstreise nach Paris
und London. Der Professor sollte dort den Wohnungs-
bau für ärmere Bevölkerungsgruppen studieren und ein
Gutachten über vergleichbare Projekte in Bayern liefern.
Besonders wichtig erschien dem Monarchen, den vierten
Stand in die bürgerliche Gesellschaft zu integrieren.
Darin sah er eine vordringliche Aufgabe seiner Regie-
rungsarbeit. Einer seiner wichtigsten Berater auf diesem
Gebiet war der aus Berlin stammende Historiker Wilhelm
von Doenniges, der als eines der entscheidenden Ziele
formulierte: »Der Staat darf nicht auf dem Boden des
ökonomischen Nutzens stehen bleiben.« Im Klartext
meinte er: die aufgeklärte konstitutionelle Monarchie hat
auch eine soziale Verpflichtung.

»Die Verbesserung der Lage der arbeitenden Klasse
wird stets ein Gegenstand meiner vorzüglichsten Sorg-
falt sein«, schrieb Maximilian kurz nach seiner Thronbesteigung an seinen Innenminister Baron von Thon-
Dittmer. Versessen auf Gutachten und Stellungnahmen
war der Monarch in allen Situationen, die auf eine Entscheidung drängten. So veranstaltete er 1848 ein Preis-
ausschreiben zur sozialen Frage. Der Wettbewerb begann
mit den Worten: »Durch welche Mittel kann der materiel-
len Not der unteren Klassen der Bevölkerung Deutschlands und insonderheit Bayerns am zweckmäßigsten und

nachhaltigsten abgeholfen werden?« Genau 656 Beiträge landeten in der Münchner Residenz, eine Sonderkommission wurde gebildet, die sie auswertete. Die wichtigsten Anregungen wurden in Gesetzentwürfen und Regierungsanordnungen festgehalten.

Keinerlei Verständnis für das soziale Engagement des Monarchen hatte freilich Cosima Wagner. Sie sprach angesichts seiner Anstrengungen von »der Erbärmlichkeit des Königs Max«.

Die Geschichtsschreibung allerdings ist sich darin einig, daß mit den unmittelbar nach Maximilians Thronbesteigung eingeleiteten Reformen der König seinen Ruf festigen konnte. Er hielt sein Versprechen, das Staatswesen auf liberalere Fundamente zu stellen, und gab der Gerechtigkeit und der Forderung nach Mitbestimmung eine reale Chance. Bayern schaffte ohne Zweifel in wenigen Wochen, was unter Ludwig I. noch undenkbar war: den Anschluß an die modernen politischen Entwicklungen im aufgeklärten Teil Europas. Mit seiner reformierten und fortschrittlichen Verfassung, die dem Individuum mehr Rechte zuerkannte, leistete das von Maximilian regierte Königreich sogar Pionierdienste im Verbund der deutschen Staaten. So rigorose Eingriffe in das bisher feudalistische System, wie sie Maximilian wagte, gab es weder in Preußen noch in Österreich. Der einzelne Bürger hatte noch nie so viele Rechte wie bisher, der fürstlichen Willkür waren deutliche Grenzen gesetzt.

Das alte und das neue politische System in Bayern waren nicht nur Gegenstand heftiger Debatten zwischen den Sympathisanten der konservativen Kräfte und den Vorkämpfern des Liberalismus – der Konflikt wurde auch in den Räumen der Münchner Residenz ausgetragen, wo Ludwig und Maximilian unter einem Dach zusammenlebten. Man ging sich zwar aus dem Weg, so gut es ging. Doch Begegnungen ließen sich nicht vermeiden.

Maximilian fühlte sich beobachtet und kontrolliert, der Vater hielt mit seinem nicht mehr erwünschten Rat kaum hinter dem Berg. Spannungen waren an der Tagesordnung. Kein Weg führte daran vorbei: Der abgedankte König mußte die Residenz, die er während seiner Regierungsjahre so imposant ausgebaut hatte, verlassen. Schmerzlich, aber konsequent und logisch.

Nur widerwillig fügte sich der alternde Ludwig in sein Schicksal. Am meisten schmerzte ihn der ihm vom Sohn zugedachte Alterssitz, das Wittelsbacher Palais in der Brienner Straße. Maximilian hatte das Gebäude in dem von ihm so geschätzten neugotischen Stil errichten lassen. Für den abgedankten König war das Palais ein Greuel. Der große Förderer klassizistischer Bauideen, der Leo von Klenze und Friedrich Gärtner zu architektonischen Höchstleistungen angetrieben hatte, konnte sich mit dem Geschmack des Sohnes nicht abfinden. Was hatte diese Pseudo-Gotik mit der Glyptothek, dem Odeon, dem Palais Leuchtenberg gemein? Für Ludwig lagen Welten dazwischen. Das Herrisch-Fürstliche des alten Wittelsbachers, das Bürgerlich-Liberale seines Nachfolgers auf Bayerns Thron – zwei Gegensätze, die sich in diesem Fall nicht anzogen.

Maximilian wollte es nicht, aber die genau festgelegten Hausgesetze der Wittelsbacher schrieben es so vor: Mit der Übernahme der Königswürde war der 37jährige Fürst zugleich Chef der Familie. Er mußte die Erlaubnis zu Eheschließungen geben, Auslandsreisen seiner Verwandten absegnen und die Apanage verteilen.

Die Geldzuwendungen, die den einzelnen Mitgliedern des königlichen Hauses zustanden, waren noch zur Regierungszeit Ludwigs I. in Abstimmung mit dem Landtag genau geregelt worden. Aus dem Jahr 1834 stammt die ›Festsetzung einer permanenten Civilliste‹, eine Verordnung, die im damaligen Bayern Gesetzescharakter hatte und nur mit Zustimmung des Parlaments geändert werden konnte. In ihr war festgelegt, daß Maximilian als herrschender Monarch und Chef des Hauses Wittelsbach über eine Apanage von 2 350 580 Gulden zu verfügen hatte. Wobei der Verwendungszweck des Geldes ungefähr zur Hälfte gesetzlich vorgeschrieben war. Über 950 000 Gulden konnte er allerdings selbständig verfügen.

Ludwig I., der 23 Jahre lang an der Spitze des bayerischen Staates gestanden hatte, konnte im Augenblick seines Rücktritts mit keiner offiziellen staatlichen Pension rechnen. Den Lebensunterhalt des Vaters mußte der Sohn bestreiten. Vereinbart war eine jährliche Summe von 500 000 Gulden für den abgedankten König, 50 000 Gulden waren Königin Therese zugedacht. Diese Summe von zusammen 550 000 Gulden mußte Maximilian von den Bezügen finanzieren, über die er nach den Regelungen der Civilliste frei verfügen durfte. Der Teil der disponiblen Apanage schrumpfte somit also auf den Betrag von 400 000 Gulden zusammen.

Da ein Teil von Ludwigs gewaltigem Bauprogramm noch nicht vollendet war, als er sich zum Rücktritt entschloß, mußte der ›Königliche Stadtbaurat im Ruhestand‹ die offenen Projekte aus seiner eigenen Tasche, also von seiner Abfindung bezahlen. Und er zahlte auf Heller und Pfennig. Streit ums Geld gab es zwischen Vater und Sohn auch nach Ludwigs Thronverzicht nicht. Beide waren gewohnt, im privaten Bereich äußerst sparsam zu wirtschaften, um Geld für öffentliche Aufgaben bereit zu haben.

Maximilian steckte zwar keine riesigen Summen in große Bauvorhaben, aber er gab viel für Forschungsprojekte und soziale Einrichtungen aus. Im Vergleich zu anderen deutschen Fürsten des 19. Jahrhunderts führte er ein spartanisches Dasein, hinterließ bei seinem Tod aber ein beträchtliches Vermögen.

Die innenpolitischen Reformen waren auf den Weg gebracht, der Umgang mit dem Vater geregelt – jetzt warteten andere Aufgaben auf den Monarchen. Welche Rolle
sollte Bayern künftig im deutschen Staatenbund spielen?
Der Kampf zwischen Österreich und Preußen um die
Vormachtstellung im Herzen Europas war voll ent-
brannt. Maximilian, der Philosoph auf dem Königsthron,
wollte und konnte nicht abseits stehen.

Bayern – die dritte Macht

Eng verbunden mit der Forderung nach einer Verfassung, die das selbstbewußte Bürgertum forderte und der Monarchie schließlich auch abrang, war um die Mitte des 19. Jahrhunderts die Sehnsucht nach der nationalen Einigung. Diese Bewegung war keine spezifisch deutsche Erscheinung, sie hatte ganz Europa erfaßt. Ihr ideologisches Fundament war während der Französischen Revolution 1789 gelegt worden.

Der Wunsch der Bürger nach einem Mitspracherecht bei politischen Entscheidungen hatte in der Verfassung das geeignete Instrumentarium gefunden, um sich gegen Willkürakte des ausklingenden Feudalismus zu schützen. Der Nationalstaat, repräsentiert durch eine vom Volk gewählte Nationalversammlung, sollte deshalb den großen Rahmen dafür bieten. Der Nationalstaat war sozusagen als Garant für die Einhaltung der Verfassung gedacht.

Die große Einigungsbewegung, die zu Beginn des 19. Jahrhunderts in Deutschland während der napoleonischen Fremdherrschaft gewaltigen Aufwind bekam, hatte somit eine weitere Motivation und politische Dimension erhalten.

Die Sehnsucht nach einem einheitlichen deutschen Nationalstaat hatte viele Wurzeln. Da gab es einmal die Protestbewegung gegen Napoleon, der ganz Europa mit seinen Kriegen überzog und vor allem das deutsche Territorium in viele kleine Duodezfürstentümer zerschlug.

Das ›Heilige Römische Reich Deutscher Nation‹ wurde im Jahr 1806 endgültig aufgelöst. Der Kaiser der Franzosen benutzte das zersplitterte Land als Schauplatz seiner Machtpolitik.

Der Wunsch nach der Befreiung von der fremden Herrschaft förderte die Sehnsucht nach einer neuen deutschen Einheit. Wobei diese Bewegung zunächst vorwiegend vom liberalen Bürgertum und seiner Intelligenzschicht getragen wurde, weniger von den die deutschen Klein- und Mittelstaaten repräsentierenden Fürsten. Denn viele von ihnen schlossen Bündnisse mit Napoleon, verhielten sich gegenüber der Besatzungsmacht kooperativ, zogen daraus Vorteile für ihre Machtansprüche und ihren Einfluß. Den erwachten nationalen Einheitsbestrebungen begegneten sie eher mit Mißtrauen, oft auch mit Ablehnung. Die Sehnsucht nach einem Nationalstaat war also mehr der Wunsch der Regierten als der Regierenden.

Zum Protest gegen fremde Einmischung in das nationale Geschick kam während der Romantik die verstärkte Rückbesinnung auf die deutsche Vergangenheit, vor allem auf das deutsche Mittelalter. Die Einheit des Reichs erschien als das große Traumbild, das es wieder in politische Realität umzusetzen galt.

Mit dem Beginn einer stark ideologisierenden Geschichtsschreibung rückte beispielsweise die Zeit der Staufer in ein ganz neues Licht. Eine zweifellos bedeutende Herrscherpersönlichkeit wie Friedrich II. wurde zur Leitfigur, die von großer deutscher Geschichte künden sollte. Daß Friedrich die deutsche Sprache nur sehr mäßig beherrschte und sein multinationales Imperium von Apulien aus regierte, daß es im Mittelalter den Begriff Nationalstaat noch nicht gegeben hat, wurde von der durch die Romantik beeinflußten Geschichtsforschung bewußt übersehen.

Entscheidend war nicht die historische Wirklichkeit, sondern die ideologische Zielvorstellung: Der politisch amorphe deutsche Zustand sollte von den großen Traditionen lernen, die als bedeutend empfunden wurden. Daß während der Zeit der Staufer-Kaiser und der wichtigen habsburgischen Herrschergestalten niemals nationalstaatlich gedacht wurde, spielte beim Formulieren der neuen Ideologien keinerlei Rolle. Ein neues deutsches Reich war gefordert, das unabhängig von jeglicher fremden Einmischung die Nation eint und die hart erkämpfte Verfassung verteidigt – gegen innere und äußere Feinde. Der Historiker Ernst Schnabel faßt das in einer scharfsichtigen Analyse der geistigen und politischen Strömungen des 19. Jahrhunderts so zusammen: »Der Nationalstaat hatte die Funktion, die Gesellschaft mit dem Staat zu verbinden und das bürokratische System des späten Absolutismus auszuschalten.«

Maximilian II., der den revolutionären Bewegungen von 1848 im Grunde seinen Thron verdankte, verfügte über ein Weltbild, das sehr stark von der Ideenwelt der Romantik und des Liberalismus geprägt war. Die Studienzeit in Göttingen und Berlin, allem voran aber die Persönlichkeit des Historikers Leopold von Ranke, beeinflußten nicht nur seine Sicht der politischen Gegenwart, sondern auch sein Handeln. Als Maximilian am 22. März vor den beiden Kammern des Münchner Parlaments seine Thronrede hielt, kündigte er nicht nur eine Verfassungsreform an. Der bayerische König legte auch ein Bekenntnis zur deutschen Einheit ab. Sie entscheidend zu beeinflussen war das erklärte Ziel des neuen Monarchen. Programmatisch verkündete er den Abgeordneten und Reichsräten: »Das Ergebnis dieses Landtags bestimmt Bayerns Stellung in Deutschland. Lassen Sie uns voranleuchten allen seinen Stämmen. Unser Wahlspruch sei: Freiheit und Gerechtigkeit.«

Seine erste nationalstaatliche Initiative leitete Maximilian II. mit der Vorlage eines ›Entwurfs von Grundzügen einer nationalen deutschen Bundesverfassung‹ ein. Sie bestand aus 30 einzelnen Paragraphen. Autor dieses denkwürdigen Schriftstücks war Wilhelm Doenniges, ein Historiker aus dem Umkreis Leopold von Rankes, der zum engsten Beraterstab des neuen Königs in München gehörte.

Der zentrale Punkt der deutschlandpolitischen Überlegungen Maximilians und seiner Regierung war die sogenannte Trias-Idee. Sie zieht sich als großes Leitmotiv durch Maximilians politisches Denken und Handeln. Bis zu seinem Tod ließ er nicht von ihr ab. Die Zukunftsüberlegungen des Münchner Monarchen liefen darauf hinaus, die Geschicke der einzelnen deutschen Staaten nicht allein den beiden Großmächten Preußen und Österreich zu überlassen. Zur Trias gehörte eine dritte Macht, und die sah Maximilian in einem lockeren Zusammenspiel der Klein- und Mittelstaaten unter der Führung Bayerns. Die Eigenständigkeit der Länder wollte er dabei allerdings keineswegs aufheben. Der bayerische König war somit eine Art Erfinder des föderalistischen Systems, an dem sich heute noch das Grundgesetz der Bundesrepublik Deutschland orientiert.

Der Ausgangspunkt der Überlegungen war eine sehr realistische Einschätzung der politischen Wirklichkeit. Durch den gewaltigen Expansionsdrang des Militärstaats Preußen auf der einen Seite, dem von der Tradition abgeleiteten Vormachtanspruch Österreichs auf der anderen Seite fühlten sich die deutschen Mittelstaaten in einem Zustand wachsender Bedrohung. Sie alle lebten in der Angst, beim Kampf um die Vorherrschaft in Deutschland zum Beuteobjekt einer der beiden Supermächte zu werden. Preußen und Österreich verfügten über schlagkräftige Armeen, über – gemessen an der damaligen Zeit –

modernste Kriegstechnik und einen unstillbaren Hunger auf Gebietserweiterungen und mehr Einfluß.

Um aus der Rolle des Ohnmächtigen herauszukommen, versuchte Maximilian die kleineren deutschen Staaten um sich zu versammeln, um eine dritte Kraft im Lande zu bilden. Seinen Anspruch leitete der Wittelsbacher vor allem davon ab, daß Bayern auf dem deutschsprachigen Territorium immerhin der drittgrößte Flächenstaat war. Dieser dritten Kraft dachte Maximilian die Aufgabe zu, zwischen dem Expansionsdrang der Großmächte nicht nur zu vermitteln, sondern ihre wachsenden Ansprüche zu stoppen.

Der Mann, der die Trias-Idee durchzusetzen hatte, war Ludwig von der Pfordten, den Maximilian am 19. April 1848 zu seinem Außenminister ernannte. Es gehört zur Tragik dieser Persönlichkeit, daß Ludwig von der Pfordten trotz jahrelangen Taktierens und Paktierens, trotz mühevollster diplomatischer Kleinarbeit und einem kräfteverschleißenden Einsatz nach elf Jahren scheiterte, zerrieben von der taktischen Überlegenheit Otto von Bismarcks oder eines Fürsten Schwarzenberg, deren Cleverness und Durchsetzungsvermögen Bayerns Außenminister nicht gewachsen war, zermürbt auch von der oft quälenden Entschlußlosigkeit Maximilians. Dabei hätte beispielsweise Österreich allen Grund dazu gehabt, die Leitlinien der bayerischen Außenpolitik in jenen Tagen zu unterstützen. Denn in der Zeit zwischen dem Revolutionsjahr 1848 und 1866 setzte sich Bayern unentwegt für die Regierung von Wien ein und versuchte den militärischen Konflikt mit Berlin zu verhindern.

Ein schicksalsträchtiges Datum in der deutschen Geschichte des 19. Jahrhunderts war der 23. April 1849. An diesem Tag nahm die Frankfurter Nationalversammlung mit großer Mehrheit die Reichsverfassung an. Ziel war es, den seit dem Ende des Wiener Kongresses bestehenden Deutschen Bund neu zu ordnen und funktionsfähiger zu machen. Eine Art Bundesstaat war geplant, straff organisiert.

Die Führung des neuen Staatsgebildes war dem preußischen König Friedrich Wilhelm IV. zugedacht. Dem Berliner Monarchen wurde die Kaiserkrone angetragen, und zwar mit allen dynastischen Konsequenzen. Für das Haus Hohenzollern war der Gedanke an eine Erbmonarchie logischerweise mehr als verlockend. Der Preis für dieses Geschenk war hoch. Die Mehrheit der Frankfurter Nationalversammlung wies Österreich die Tür, der Kaiser von Wien war ausgebootet – zumindest in der politischen Planung. Der Dauerkonflikt, der die nächsten Jahre beschäftigte, war geboren.

Maximilian widersetzte sich dem Ausschluß Österreichs aufs heftigste. Er sah ein nationales Unglück auf Deutschland und Bayern zukommen. Das Votum des Münchner Landtags für diesen verhängnisvollen Plan beeindruckte den bayerischen Monarchen herzlich wenig. Er wollte unter allen Umständen verhindern, daß Preußen die alleinige Führungsrolle übernahm. Der beherzte Widerstand Maximilians, der an Eindeutigkeit nichts zu wünschen übrig ließ, hatte Folgen. Auch Hannover, damals nach Bayern der zweitgrößte Mittelstaat, lehnte die Frankfurter Beschlüsse ab. Damit war das Projekt gestorben – fürs erste jedenfalls. Der Plan war machtpolitisch nicht mehr durchsetzbar.

In Altbayern fand Maximilian mit seinem Widerstand gegen die geplante Vormachtstellung Preußens starken Rückhalt. Gegen die ›angemaßte Hegemonie‹ gab es erbitterte Proteste. Das Bild Friedrich Wilhelms IV. wurde vor der Wohnung des preußischen Gesandten in München öffentlich verbrannt. Der Traum von der deutschen Einheit war durch das Vorpreschen des preußischen Königs zunächst einmal ausgeträumt. Das von ihm gewünschte Votum der Frankfurter Nationalversammlung, ihn zum Kaiser zu machen, war mit den süddeutschen Fürsten im Vorfeld nicht abgesprochen worden, die sich überrumpelt vorkamen. Der nationale Elan des Hohenzollern wurde als machtpolitisches Manöver enttarnt. Friedrich Wilhelm IV. galt als Buhmann, der die große Idee vom deutschen Einheitsstaat zum Vehikel egoistischer preußischer Ansprüche mißbrauchte – und sich damit disqualifizierte. An dieser Entlarvung und ihren direkten Folgen hatten Maximilian und sein Außenminister Ludwig von der Pfordten lebhaften Anteil.

Doch Maximilians Position in der deutschen Frage fand in Bayern keineswegs nur Zustimmung. Vor allem in Franken und Schwaben hagelte es Proteste gegen den bayerischen König. In der Pfalz kam es sogar zu Aufständen. Hochburgen des Widerstands gegen Bayerns Ablehnung der Reichsverfassung waren Bamberg, Würzburg und Nürnberg. Dort endete eine Massendemonstration, an der sich 10 000 Bürger beteiligten, die eine Trennung Frankens von Bayern forderten. Vor allem die vielen März-Vereine, die im Zuge der Revolution von 1848 gegründet worden waren und die ihre Anhängerschaft vor allem in der Pfalz und vielen fränkischen Regionen hatten, gingen auf die Barrikaden. Sie waren die Wortführer einer Protestbewegung, die sich gegen die Zentralregierung in München erhob. Weg von Bayern, lautete ihre Devise. Und die andere: Sofortige Gründung eines deutschen Einheitsstaates.

Es gehört zu den Kuriositäten der nationalen Einigungsbewegung des 19. Jahrhunderts, daß ihre Vorkämpfer nicht selten ausgesprochen separatistische Ideen vertraten. Je lauter der Ruf nach einem deutschen Einheitsstaat wurde, um so erbitterter kämpften fränkische und pfälzische Patrioten für eine Loslösung aus dem bayerischen Königreich. Die Ausdehnung, die das Land in der Mitte des 19. Jahrhunderts hatte, verdankte es allerdings nicht den regierenden Wittelsbachern, sondern Napoleon, der bei einer Neuaufteilung der Landkarte Frankens und Schwaben mit einem Federstrich der bayerischen Krone zuschlug. Der despotische Willkürakt löste naturgemäß in den betroffenen Gebieten einen nicht unerheblichen Widerstand gegen Bayerns Herrscher aus.

Der Protest gegen Maximilians Deutschlandpolitik legte sich, doch der Streit um die großdeutsche und die kleindeutsche Lösung blieb ein brisantes Thema. Es war ein Dauerbrenner der nationalstaatlichen Politik – bis zum Jahr 1866. Zu diesem Zeitpunkt wurde der Streit schlußendlich militärisch entschieden. Bismarcks Preußen besiegte Österreich, an dessen Seite Bayern kämpfte. Die verhängnisvolle Niederlage erlebte Maximilian freilich nicht mehr. Er war bereits tot, als das Wiener Kaiserreich sich endgültig aus der deutschen Politik verabschieden und Preußen die Führungsrolle überlassen mußte.

Doch in den Jahren vor der Niederlage Habsburgs ließ Maximilian nie von seiner Trias-Idee ab. Er dachte bis zu seinem Tode großdeutsch, wollte also die Lösung der anstehenden Probleme keineswegs ohne Beteiligung Österreichs erreichen. Ein Ausschluß der deutschsprachigen Länder des Habsburger Reichs erschien ihm als Dolchstoß gegen alle Einigungsgedanken, die unmittelbar nach seinem Regierungsantritt im Jahr 1848 Hochkonjunktur hatten. Mit großer Hartnäckigkeit hielt er an seiner Vorstellung fest, daß die Balance von drei in etwa gleich starken Machtblöcken das beste Instrument sei, um den Weg zur nationalen Einigung Deutschlands zu ebnen. Mit Hannover, Württemberg und Sachsen, den neben Bayern wichtigsten Mittelstaaten, war er sich darin im wesentlichen einig, wenngleich die Stimmung in Dresden, Stuttgart und Hannover gelegentlichen Schwankungen unterworfen war.

Die Trias-Idee hatte allerdings ihre Haken. »Dem Plan wohnte nicht jene Dynamik kühner Schritte inne«, diagnostiziert der Historiker Andreas Kraus. Er legt damit den Finger auf den wunden Punkt. Die Trias-Idee, die Österreich für einen neuen deutschen Staatsverband retten sollte, entstand am Schreibtisch und war letztlich das Ergebnis fürstlicher Kabinettspolitik, die vor allem Rücksicht nahm auf die dynastischen Zusammenhänge zwischen den großen europäischen Fürstenhäusern. Ihr fehlte der glühende Funke, der Massen bewegen konnte, der Volksbewegungen in einen Begeisterungstaumel hätte versetzen können.

Die Trias-Idee, so bestechend sie als Theorie aus heutiger Sicht auch erscheinen mag, hatte den gewaltigen Nachteil, daß sie in den die öffentliche Meinung prägenden liberalen Kreisen als eine Fortsetzung feudalistischer Schaukeldiplomatie empfunden wurde. Sie galt als eine Politik, die sich an den Interessen einzelner Herrscherhäuser orientierte und über die Köpfe des Volkes hinweg betrieben wurde. In einem Klima, das emotional aufgeheizt war gegen alle Rudimente fürstlicher Willkürakte, hatte Maximilians Konzept, das ein bißchen an monarchisches Pokerspiel erinnerte, kaum eine Chance. Den Rückenwind einer Volksbewegung besaß die Deutschlandpolitik des bayerischen Königs nicht.

Womit die enormen Schwierigkeiten und letztlich auch die Tragödie dieses wohl aufgeklärtesten Herrschers auf dem Münchner Thron angesprochen werden. All seine Ziele waren von großer Ernsthaftigkeit getragen, immer durchdacht und – in ihrer jeweiligen Situation – sehr logisch. Doch die Konzeptionen ließen die energische Handschrift vermissen, die den Projekten Dynamik gegeben hätten.

Verliebt in Theorien, akkurat in der Organisation, trocken in der Formulierung seiner Absichten, ängstlich und schnell zurückweichend, wenn Schwierigkeiten auftraten, oft ungeschickt im Umgang mit den engsten Mitarbeitern, ließ Maximilian das Feuer vermissen, das andere mitreißt. Maximilian blieb auch als Politiker das, was er von sich selbst in einem ganz anderen Zusammenhang einmal sagte: der Professor auf dem Königsthron. Politische Fortune war diesem ohne Zweifel hochintelligenten und selbstlosen Monarchen versagt. Er hatte es nicht verstanden, die große Chance durchzusetzen, die sich für Bayern in der Mitte des vergangenen Jahrhunderts bei der Gestaltung eines deutschen Nationalstaats geboten hat. Er sah klar die Gefahren einer preußischen Vormachtstellung im deutschen Staatenverband, er konnte sie aber nicht verhindern.

Der königliche Boulevard

Maximilian saß bereits vier Jahre auf dem bayerischen Königsthron, als am Siegestor im Herbst 1852 die letzten Baugerüste fielen. Damit war die Ludwigstraße, das gewaltigste städtebauliche Werk, das Ludwig I. begonnen hatte, vollendet. Der herrschaftliche Straßenraum, der München ein ganz neues Gesicht gab, gilt nach wie vor als der bedeutendste Beitrag der ludovizianischen Ära zur Entwicklung der Residenzstadt der Wittelsbacher. Großzügig dimensioniert, von mächtigen Fassaden geprägt, in der architektonischen Gestalt von großem Zuschnitt, gehört diese königliche Meile zu den schönsten Straßen Europas. Der Spätabsolutismus Ludwigs I. setzte sich hier ein letztes Denkmal – streng, klar, von kühler Noblesse.

Es leuchtet ein, daß sich Maximilian durch dieses Stück Münchner Stadtarchitektur herausgefordert fühlen mußte. Er wollte dem Vater gegenüber nicht zurückstekken. Der Ehrgeiz trieb ihn, ein vergleichbares Projekt auf die Beine zu stellen. Er schaffte es – mit der nach ihm benannten Maximilianstraße, einem Boulevard, der völlig anders ist und gleichwohl noch heute einen internationalen Rang besitzt.

Der Unterschied zwischen Vater und Sohn läßt sich nirgends besser ablesen als an dem Charakter dieser beiden Straßen. Zupackend despotisch die Ludwigstraße, die wenig Luft zum Atmen läßt, ästhetisch imposant, aber auch abweisend in ihrer strengen Form, ein pompöser

Audienzsaal unter freiem Himmel, in dem kein Mensch auf die Idee kommt zu bummeln. Wie anders dagegen die Maximilianstraße. Sie ist für Menschen gebaut, die in ihr leben, Geschäfte machen, einkaufen, Restaurants und Cafés betreiben und besuchen. Die Maximilianstraße ist das bürgerlich-liberale Gegenstück zur strengen Avenue eines selbstbewußten Fürsten, der im Grunde nur eines im Sinn hatte: sich selbst zu realisieren.

Schon während seiner Kronprinzenzeit hatte Maximilian die ersten Pläne für ›seine‹ Straße entwickelt. Er korrespondierte mit dem Berliner Architekten Karl Friedrich Schinkel, dachte über aktuelle Bauformen nach und rätselte über einen neuen künstlerischen Stil. Doch unabhängig von allem städtebaulichen Ehrgeiz und dem leidenschaftlichen Wunsch, der Arbeit seines Vaters etwas Gleichrangiges entgegenzusetzen, gab es ganz handfeste Gründe, die den König dazu zwangen, seine Residenzstadt zu erweitern. Denn die Bevölkerungsentwicklung Münchens nahm dramatische Formen an.

Bis zum Jahr 1840 hatte sich die Zahl der Einwohner im Vergleich zur Jahrhundertwende verdoppelt. 90000 Menschen lebten jetzt auf verhältnismäßig engem Raum, der Bedarf an Mietwohnungen war gewaltig gestiegen, München platzte aus allen Nähten. Der starke Zuzug in die Residenzstadt der Wittelsbacher hatte mehrere Gründe.

Seit 1806, dem Jahr, in dem Bayern zum Königreich erhoben und durch Franken und Schwaben erweitert wurde, war die frühere Handwerkerstadt plötzlich zur Zentrale eines großen Landes geworden. Graf Montgelas machte aus München einen wichtigen Verwaltungssitz, in dem alle Fäden zusammenliefen. Der Bedarf an Beamten stieg beträchtlich an. Sie kamen nur zu einem geringen Teil aus der angestammten Münchner Bevölkerung, sondern vor allem aus den neuen Regierungsbezirken.

Dann wurde 1826 die Universität von Landshut nach München verlegt, was sich nicht nur auf das geistige Leben der Stadt, sondern auch auf ihre Einwohnerzahl auswirkte. Schließlich wuchs mit der Vergrößerung Bayerns auch die Attraktivität seiner Hauptstadt, in der Deutschlands drittgrößter Flächenstaat regiert und verwaltet wurde. Das hatte Folgen in einer gewaltigen Sogwirkung auf die Menschen in der Provinz, die sich in der Kapitale des Landes bessere Arbeitsmöglichkeiten und Zukunftschancen erhofften. München mußte sich also vergrößern. Das forderte Städteplaner heraus, vor allem aber Maximilian, der aufgerufen war, auf die Herausforderungen seiner Zeit zu reagieren.

Im Revolutionsjahr 1848, in dem Maximilian die Regierungsgeschäfte übernahm, gab es zwar im Osten des Residenzkomplexes eine Handwerkersiedlung, die schon damals Lehel genannt wurde. Doch die Vorstadt hatte noch keine Anbindung an das Zentrum Münchens, ebensowenig wie der Vorort Haidhausen, der auf der rechten Isarseite lag und für die Tagelöhner bescheidene Wohnungsmöglichkeiten bot.

Um diese Siedlungsgebiete mit der Residenzstadt enger zu verbinden, drängte sich der Gedanke auf, eine große Straße anzulegen, die beide Isarufer durch eine Brücke zusammenführt. Als geeignete Trasse bot sich ein bereits bestehender Damm an, der durch sumpfiges Gelände führte und wegen Hochwassergefahr auf höherem Niveau angelegt war. Rechts und links von diesem Pfad fiel das Gelände ab, weshalb beispielsweise noch heute das Münchner Hofbräuhaus tiefer liegt als die Maximilianstraße.

Der Damm begann beim Nationaltheater und endete am Ufer der Isar, die damals im Stadtbild Münchens so gut wie überhaupt keine Rolle spielte. Der Fluß, dem die Wittelsbacher Residenz ihre Gründung verdankt, führte an München vorbei. Das sollte nun nach den Vorstellungen Maximilians anders werden. Er hatte die Absicht, das Hochufer der östlichen Isarseite in die Stadtarchitektur einzufügen, und zwar durch einen gewaltigen Bau, der neue Perspektiven eröffnete – das Maximilianeum.

Der Gedanke, die Stadterweiterung in östlicher Richtung voranzutreiben, war übrigens nicht ganz neu. Bereits Ludwig wälzte zusammen mit dem Architekten Leo von Klenze Pläne, die am rechten Isarufer eine neue Residenz vorsahen. Sie wäre in exponierter Lage hoch über München gelegen. Doch Ludwig I. schreckte aus Respekt vor seinen Wittelsbacher Ahnen schließlich doch davor zurück, den alten Residenzkomplex inmitten der Stadt zu verlassen.

Für Maximilian stand eines fest: Wenn er sich an den Bau einer neuen repräsentativen Straße wagte, dann mußte erst geklärt werden, in welchem Stil die anliegenden Gebäude errichtet werden sollen. Ganz im Gegensatz zu seinem Vater haßte er den Klassizismus, den er als Fremdkörper in Deutschland empfand. Schon in seinen Jugendjahren begann sich der Kronprinz mit dem Mittelalter und seiner Kultur zu beschäftigen. Die Welt der Gotik faszinierte ihn.

Bei Reisen nach England stellte er fest, daß dort mitten im 19. Jahrhundert die mittelalterlichen Bauformen wieder groß in Mode waren. Die britische Neugotik nach Bayern zu übertragen war ein Gedanke, der Maximilian faszinierte und nicht mehr losließ. Sein Engagement für die Restaurierung von Hohenschwangau ist eine wichtige Etappe auf diesem Weg.

Das Wittelsbacher Palais, das ihm sein Vater zur Hochzeit schenkte und das 1848 von Friedrich von Gärtner vollendet wurde, ist ein weiterer Markstein in der architektonischen Geschmacksentwicklung des bayerischen Fürsten. Mit seinen vier achteckigen Ecktürmen, seinen

Marie von Preußen

Vermählung Max' II.
mit Prinzessin Marie 1842

Maximilian II.
und Prinzessin Marie 1842

Spitzbogen, seinem Zinnenkranz und dem üppigen Maßwerk erinnerte das Gebäude an eine mittelalterliche Burg. Das Palais, das an der Brienner Straße stand, war während des Dritten Reiches die Zentrale der Gestapo, wurde im Krieg schwer zerstört und von der amerikanischen Besatzungsmacht im Jahr 1945 vollständig abgerissen.

Ludwig I., der nach seiner Abdankung das Wittelsbacher Palais als Alterswohnsitz beziehen mußte, haßte das Gebäude, weil es überhaupt nicht in seine Kunstvorstellung paßte.

»Im Spitzbogenstil ist der Palast, der aber weder des Baumeisters Wahl, noch meine war, sondern nach dem Wunsche meines ältesten Sohnes, für den ich ihn bestimmt, im Inneren und Äußeren durchgeführt wurde. Für Kirchen finde ich ihn geeignet, nicht für uns«, schrieb er ärgerlich an einen guten Freund.

Das Wittelsbacher Palais war ein klares Bekenntnis zu Maximilians Vorstellungen von einem neuen Baustil, doch er war sich seiner Sache noch nicht so ganz sicher. Durch Gutachten von Experten wollte er sich klarere Vorstellungen verschaffen. »Muß man in der Baukunst, um etwas Treffliches zu schaffen, immer ausschließlich einem reinen Stile folgen, oder ist es einem schöpferischen Geist erlaubt, aus den verschiedenen das Beste wählend, etwas Originelles zu bilden?« fragt er beispielsweise den Kunsthistoriker Karl Ludwig von Schorn, Professor an der Universität München.

Maximilian fragte auch Karl Friedrich von Schinkel und bekam die Antwort, daß sich »eine Verschmelzung verschiedener Baustile« schon denken lasse, daß es aber »das sicherste Mittel ist, sich nach einem Talent umzusehen, das durch fortwährende praktische Arbeit« eine eigene architektonische und stilbildende Handschrift entwickelt. Schinkels Rat an den bayerischen König lief darauf hinaus, daß die sauberste Lösung des Problems ein internationaler Wettbewerb sein könnte.

Rund hundert europäische Architekten wurden angeschrieben, Entwürfe und Vorschläge für die neue Straßenanlage und das Maximilianeum einzureichen. Die Beteiligung an dem Wettbewerb aber war mehr als enttäuschend. Nur ganze 17 Entwürfe erreichten die Münchner Residenz, obwohl in dem Anschreiben ein gewaltiges Programm entwickelt worden war. Es ging schließlich um nichts Geringeres als um die Forderung nach einer »neuen, natur- und zeitgemäßen, volks- und ortseigentümlichen Baukunst, nach einer nationalen Neugestaltung der Architektur«.

Als Preisträger ging aus diesem Wettbewerb der Berliner Architekt Wilhelm Stier hervor, ein Schüler Schinkels. Ihn traf das Schicksal so vieler Preisträger: Den Auftrag zur Konzeption der neuen Stadtlandschaft bekam er nicht.

Der Münchner Baumeister Rudolf Wilhelm Gottgetreu wurde zunächst einmal dazu aufgefordert, Musterfassaden für die geplanten Wohn- und Geschäftsgebäude zu entwerfen. Maximilian gab einen ziemlich klar umrissenen Ideen-Katalog als Vorgabe. »Die neu zu errichtenden Bauwerke sollen den Charakter einer zeitgemäßen Architektur, praktische Zweckmäßigkeit, Komfort des Lebens, Einfachheit, Schönheit und Nationalität an sich tragen, folglich alles Frostige, Schwerfällige und Strenge vermeiden, daher als Grundform das Emporstrebende, Leichte, jedoch im griechischen edlen Geiste, in allen Teilen als Gegensatz zu dem in das Breite Gehende, Gedrückte anstreben.«

Gottgetreu hielt sich exakt an die königlichen Anweisungen und entwickelte eine Form, die sich gotischer Stilelemente bediente und gleichzeitig die Möglichkeit neuer Konstruktionsformen und neuer Materialien bediente.

So ermöglichten Gußeisen, Stahlbeton und großflächig eingesetztes Glas ganz andere Perspektiven, die den Bauhütten des gotischen Mittelalters noch gar nicht bekannt sein konnten. Auch fand Gottgetreu nichts dabei, deutsche Vergangenheit mit italienischer Bautradition zu mischen. Arkadengänge, ein beliebtes Stilmittel der späten Renaissance, wurde mit Spitzbogen-Architektur kombiniert, was ganz im Sinne Maximilians war.

Der Baustil, der später den Namen seines Anregers trug, war geboren. Der Kunsthistoriker Klaus Gallas bringt ihn auf den Nenner: »Dem Maximiliansstil liegt der Vertikalismus der Gotik zugrunde. Er ist eine Synthese aus verschiedenen Stilepochen. Nicht zuletzt ging in ihm die Skelettbau-Idee der Architektur des 19. Jahrhunderts auf, ebenso wurden die neuen Materialien Glas und Stahlbeton in das Strukturprinzip einbezogen.«

Für große Baublöcke, die in sich geschlossen waren und die sich beispielsweise in den von Klenze entwickelten Palastformen der Ludwigstraße oder des Wittelsbacher Platzes noch heute finden, gab es in der maximilianischen Architektur keinen Raum mehr. Eine Fassade schloß nicht mehr ab. Sie war vielmehr durchsichtig, war durch vorgelagerte Arkaden oder Bogenkonstruktionen, die über mehrere Geschosse reichten, zu einer romantischen Kulisse geworden, die keine klar umrissenen Grenzen kannte. Die in der Zeit der Gotik entwickelte diaphane Wandstruktur, die lichtdurchlässig war und viele optische Brechungen ermöglichte, erlebte eine Wiedergeburt, allerdings mit ganz anderen technischen Mitteln.

Doch auch Rudolf Wilhelm Gottgetreu bekam den Auftrag zur Konzeption der Maximilianstraße nicht, sondern Friedrich Bürklein, der aus Dinkelsbühl stammende Schüler Friedrich Gärtners. Bürklein hatte sein erstes Münchner Meisterstück mit dem Bau des Hauptbahnhofs abgeliefert. Schon die Fassade dieses Gebäudes deutet den Mischstil aus Formelementen verschiedener Epochen an. Noch bedeutender war aber die alte Einsteigehalle, die er entwarf. Ein halbtonnenartiges Gewölbe von einer Spannweite von 29 Metern überdachte die Gleisanlagen. Die zuerst hölzerne Konstruktion wurde später durch Gußeisen ersetzt.

Nach dem im wesentlichen unbefriedigenden Ergebnis des internationalen Wettbewerbs erging an Bürklein der Auftrag, die neue Prachtstraße genau zu konzipieren. Er entwickelte das schließlich von Maximilian akzeptierte Bauprogramm, wie auch die verbindliche Trassenführung, die sich an dem bereits aufgeschütteten Damm durch das Lehel orientierte.

Genau 1200 Meter mißt die Maximilianstraße von der Westkante des Nationaltheaters bis zum Maximilianeum auf der rechten Isarseite, eine Abmessung, die den Dimensionen internationaler Boulevards entsprach. Ganze fünfzehn Minuten genügen, um eine derartige Schlenderzone zu durchschreiten. Diese Zeiteinheit setzte das Richtmaß.

In ihrem ersten Teil wurde die Straße verhältnismäßig schmal konzipiert. Nicht einzelne, voneinander abgesetzte Stadtpaläste bildeten die Front, sondern ineinander übergehende gotisierende Fassaden. Die Gebäude waren als Mietshäuser konzipiert, in deren Erdgeschoß jeweils Ladengeschäfte eingerichtet wurden, denn die Straße sollte mit Leben erfüllt werden und nicht zur Darstellung monarchistischer Macht dienen. In ihrem zweiten Teil weitet sich die Maximilianstraße zu einem langgezogenen Platz mit Grünanlagen. Hier begrenzen repräsentative Einzelgebäude von gewaltiger Dimension den Straßenraum.

Das markanteste Gebäude im ersten Teil der Maximilianstraße ist das Hotel Vier Jahreszeiten, dessen Fassade von Rudolf Wilhelm Gottgetreu entworfen und das 1858 unter Dach und Fach gebracht wurde. Der bereits existierenden Alten Münze, die ursprünglich architektonisch nicht zur Front der Maximilianstraße gehörte, wurde von Bürklein eine neugotische Blendarchitektur vorgelagert.

Das imposanteste und größte Gebäude in Maximilians urbanem Boulevard ist die Regierung von Oberbayern, die von Bürklein 1856 bis 1864 errichtet wurde. Ihre Fassade erinnert an die reich verzierte und stark durchgegliederte Innenwand einer mittelalterlichen Kathedrale. Schräg gegenüber entstand von 1858 bis 1865 nach Plänen des Münchner Architekten Eduard Riedel das Bayerische Nationalmuseum, in dem heute das Völkerkundemuseum untergebracht ist.

Für die auf dem neu geschaffenen Boulevard geplanten Wohnhäuser gab es klar formulierte Richtlinien, an die sich die einzelnen Bauherren streng zu halten hatten. Maximilian schrieb vor: »Die Ausführung von Privatbauten in der Maximilianstraße hat genau nach den von mir genehmigten Fassadenplänen bzw. dem hiernach angefertigten Modelle zu geschehen. Im Vollzug der an dem Modelle vorkommenden Vor- und Rücksprünge ist die von mir genehmigte Baulinie einzuhalten. Obliegenheit des Bauunternehmers ist es, nach Vollendung eines Gebäudes unverweilt das Trottoir mit Murnauer Pflastersteinen herzustellen. Zur Erzielung solider Ausführung ist der Verputz am Äußeren an den Privatgebäuden möglichst zu vermeiden, am besten wäre ein Vorsetz-Ziegel (Terra-Cotten) anzuwenden, während es ganz dem Ermessen des Bauunternehmers anheimgegeben ist, das Innere der Gebäude nach Bedarf und Belieben einzuteilen.«

Die Wohnqualität der neuen Häuser an seiner Prachtstraße interessierte den König herzlich wenig. Ihn störte es nicht, wenn hinter seiner schönen Fassade Miethaie Bewohner auf engstem Raum zusammenpferchten. Die

Münchner Wohnungsnot war in den fünfziger Jahren des 19. Jahrhunderts groß, Bauspekulanten fanden entlang des neuen Prachtboulevards ein reiches Betätigungsfeld. Doch das störte den Monarchen nicht. Worauf der König Wert legte, war »die Beachtung der Fenstermittel, deren Zahl, Größe und Form, dann die Stellung der Tore oder Türen wie aller Dimensionen der einzelnen Teile und des Ganzen in konstruktiver und artistischer Beziehung«.

Als Krönung der Stadtarchitektur im Bereich der Maximilianstraße war das Maximilianeum gedacht – als eine Art architektonischer Apotheose, einem point de vue, hoch über dem königlichen Boulevard gelegen. Das kunsthistorische Vorbild war die Gloriette im Schloßpark von Schönbrunn, die der Gesamtanlage einen kulissenartigen Schluß- und Fluchtpunkt bietet.

Durchsichtig und leicht sollte es sein, dieses Gebäude, das der Straße eine großzügig weite Dimension geben sollte. Bezeichnend für Maximilians politische Schwerpunkte ist die Funktion, die er dem Prachtbau hoch über der Isar zugedacht hat. Während Ludwig I. an dieser Stelle eine neue Residenz anlegen wollte, Ludwig II. einige Zeit mit dem Gedanken schwanger ging, hier ein großes Festspielhaus zu errichten, stand für Maximilian von Anfang an fest, daß dieses exponierte Gelände nur für ein Projekt in Frage kam: für eine Bildungsanstalt. In ihr sollte die Elite unter Bayerns Schülern gefördert und auf den Staatsdienst vorbereitet werden – das dafür notwendige Geld stiftete der König aus seiner Privatschatulle.

Wieder war es Friedrich Bürklein, der mit der Planung beauftragt wurde. Er dachte an eine filigrane gotische Fassade mit steilen Spitzbögen über einem massiven Sockelgeschoß. 1857 begannen die Bauarbeiten, die sich außerordentlich schwierig gestalteten. Denn das Gelände warf viele statische Probleme auf, die zu damaliger Zeit nur schwer zu lösen waren. Der Boden gab nach, die

Fundamente barsten. Bürklein war der Verzweiflung nahe.

Während der Bauarbeiten änderte Maximilian auch noch sein Konzept. Statt der gotisierenden Fassade wollte er jetzt eine Galerie mit romanischen Rundbögen. Bürklein wurde als Architekt abgelöst und Gottfried Semper, der Erbauer der Dresdener Oper, nach München berufen. Erst 1874, also zehn Jahre nach Maximilians Tod, war das wie eine Kulisse wirkende Monumentalgebäude am Hochufer der Isar endgültig fertig. Friedrich Bürklein, der meistbeschäftigte Architekt des Königs, hatte über den Schwierigkeiten, die sich bei der Ausführung seines letzten Projekts auftürmten, den Verstand verloren. Schwermütig verbrachte er seine letzten Lebensjahre in einer Heilanstalt.

Maximilians 1200 Meter langer Boulevard beginnt mit einem Denkmal und endet mit einem Denkmal – zumindest in dem Teil, in dem der Boulevard noch eine innerstädtische Straße ist. Im Vestibül der Avenue, dem der Schriftsteller Curt Hohoff das Prädikat ›Weltstraße‹ verliehen hat, sitzt Bayerns erster König auf einem Thron, gemütlich gütig die rechte Hand ausstreckend. Die großartige Fassade des Nationaltheaters hat er im Rücken, das Gesicht wendet er der Innenstadt zu. König Maximilian I. ist es, der hier thront. Das aus Bronze gegossene Denkmal wurde 1835 von Christian Daniel Rauch nach Plänen von Leo von Klenze und Johann Martin von Wagner geschaffen. Um das den Platz beherrschende Monument hatte es zunächst Ärger gegeben. Denn als der hier verewigte Monarch die ersten Entwürfe sah, wurde er zornig. Ein König in sitzender Pose – nein, das fand Maximilian I. sehr despektierlich. Doch sein Sohn Ludwig I. scherte sich nach dem Tod des Vaters nicht mehr um die Einwände und ließ das Denkmal so enthüllen, wie es heute dasteht.

Am Ende des Boulevards setzte 1875 die Stadt München Maximilian II. ein Monument. Es wurde von Kaspar von Zumbusch entworfen und in der Erzgießerei Ferdinand von Millers gegossen. Im Gegensatz zu seinem Großvater, der sitzen darf, steht Maximilian II. auf einem Marmorsockel. Nichts Herrisches, Majestätisches ist in der Pose des Königs. Die Statue wirkt eher scheu, zurückhaltend, fast ein bißchen hilflos. Es ist kein kraftvoller, dynamischer Potentat, der hier stolz und gebieterisch auf seine Stadt blickt, sondern eher ein besonnener Gelehrter.

Nur vierzig Jahre liegen zwischen der Entstehungszeit der beiden Monumente. Und doch hat sich in dieser Zeitspanne Bayern und seine Hauptstadt München mehr verändert als in den zwei zurückliegenden Jahrhunderten.

Die Maximilianstraße war fertig, der sie prägende Stil geboren. Nicht mehr klassisch monumental gibt sich dieser großstädtische Boulevard. Seinen Reiz bezieht er aus dem Zusammenspiel der beiden völlig unterschiedlichen Teile: des parkähnlichen Forums mit seiner Bepflanzung, hinter der die großen repräsentativen Bauten zurücktreten, und der engeren Geschäfts- und Wohnstraße mit ihren hochgezogenen Fassaden im englischen Tudor-Stil. Leicht und heiter sollte sie sein, eine bürgerliche Stadtarchitektur. Dieses Ziel wurde erreicht – zumindest nach heutiger Einschätzung.

Niemand stört sich mehr an dem Stil-Mischmasch. »Es sollte versucht werden, das Formenprinzip der altdeutschen, sogenannten gotischen Architektur, und beim Ornament die Anwendung deutscher Tier- und Pflanzenformen nicht ganz aus den Augen zu lassen. Alles Frostige, Schwerfällige, Düstere und Strenge sollte vermieden, dem leichten und heiteren Schwung der Formen und Verhältnisse dagegen ein weites Feld dargeboten werden«, lautete eine der vielen Anweisungen des auftraggebenden Königs.

Seinen Architekten und Planern ist es gelungen, diese Absicht in städtebauliche Realität umzusetzen. Die Maximilianstraße wird heute als Deutschlands schönster Boulevard bezeichnet, seine Attraktivität machte ihn für Geschäftsleute und betuchte Kunden, für Restaurantbesitzer und Feinschmecker, für Theaterintendanten, Schauspieler, Sänger, Dirigenten und ein internationales Publikum zu einer der feinsten Adressen der Bundesrepublik, überragt von der romantischen Kulisse des Maximilianeums, diesem prunkenden Schaustück, das im milden Licht der Abendsonne seinen architektonischen Zauber erst voll entfaltet.

Als die Maximilianstraße im Jahr 1875 endgültig fertig war, wurde sie freilich keineswegs als städtebauliche Sensation empfunden – genau das Gegenteil war vielmehr der Fall. Der Schweizer Kunstpapst Jakob Burckhardt brachte ein besonders vernichtendes Urteil zu Papier, als er schrieb: »Da kann man froh sein, wenn man ohne Schlagfluß wegkommt. So unter allem Knaster hatte ich mir die Sache doch nicht vorgestellt. Auch wachsen jetzt glücklicherweise die Bäume so heran, daß man die Gebäude nicht mehr überall zu sehen braucht. Das Maximilianeum ist ein Kartonmachwerk. Ich habe nur deshalb einige Dankbarkeit für das Gebäude empfunden, weil es wenigstens äußerlich in die Formen der Renaissance überleitet und den Geist von dem jämmerlichen Gotisch der Maximilianstraße befreit.«

Auch Ludwig I., der die Bauarbeiten mit Skepsis verfolgt hatte, konnte überhaupt nichts mit diesem neuen Stück München anfangen. Am liebsten machte er um die Maximilianstraße bei seinen Spaziergängen einen großen Bogen. »Ein neuer Stil sind die Gebäude derselben. Aber was für einer!« wetterte er los, wenn die Sprache auf die

Prachtstraße seines Sohnes kam. Der ganz der klaren Form des Klassizismus verpflichtete Wittelsbacher konnte mit dem besonderen Charme der Avenue nicht das Geringste anfangen. Zu amorph, zu wenig durchgestaltet war ihm die ganze Anlage.

»Eine verlogene Straße, die Mietshäuser als Steinpaläste dekoriert«, lautete ein anderes zeitgenössisches Urteil, das mit dem Maximiliansstil abrechnete. Und die satirischen ›Fliegenden Blätter‹ witzelten über die ›Hosentürl-Gotik‹ des Architekten Friedrich Bürklein. Der Historiker Heinrich von Treitschke, der sonst das kulturelle Engagement Maximilians sehr hoch bewertete, sprach von »einem scheußlichen Baustil«. Der Dichter Friedrich Hebbel bezeichnete den Boulevard sogar als »etwas Unverschämtes«. Kritische Münchner wandten sich mit Grausen beim ersten Anblick des Maximilianeums, das sie geringschätzig als ›Schamtuch für Haidhausen‹ bezeichneten.

Erst das späte 20. Jahrhundert begann zu erkennen, welche städtebauliche Leistung Maximilian mit diesem Projekt gelungen ist. »Man muß die Maximilianstraße an einem warmen Spätnachmittag in Richtung Isar, die Sonne im Rücken, hinaufspazieren. Dann funkeln die Fenster und Steine des Maximilianeums und seiner Flügelarkaden in sandfarbenen Tönen uns entgegen, die zum Charakter dieser Straße gehören, wie der Ocker vom Odeonsplatz«, schwärmt der Schriftsteller Curt Hohoff und fährt fort: »Die Maximilianstraße ist die erste ›malerische Straße‹ Münchens, und als solche eine Weltstraße. Sie ist in eine Landschaft – Stadtrand, Isar, Gasteig – hineinkomponiert, ganz erstaunlich für eine Straße der Geschäftsleute und Beamten, und sie bedurfte wahrhaftig einer königlichen Initiative.«

Natürlich ist dieser Boulevard auch eine Straße der Widersprüche und mancher geschmacklicher Verirrungen, natürlich nimmt der großstädtische Massenverkehr, der sie heute durchtobt und dessen Auspuffabgase an den eleganten Fassaden fressen, vieles vom Zauber der Avenue. Doch gerade in ihrer Widersprüchlichkeit ist sie vielleicht die münchnerischste unter allen Straßen der bayerischen Hauptstadt. Der Schriftsteller Armin Eichholz bringt es auf einen knappen Nenner: »Als Prachtstraße zu bürgerlich. Als Geschäftsstraße zu künstlich. Fürs Flanieren zu nervös, oft verstopft durch Tram, Autos, Radler, Jogger. Aber gerade die realen Verlegenheiten sind es, die wie im richtigen Leben auch in der Münchner Maximilianstraße einen diffusen Charme verbreiten.«

Der Münchner Poetenkreis

Die Wittelsbacher Könige sahen den Sinn ihrer Regierungstätigkeit nie ausschließlich im politischen Handeln, die Förderung des geistigen und künstlerischen Lebens in Bayern war immer ein besonderes Charaktikum dieser Monarchen. Ludwig I. erfand den Begriff vom Kunstkönigtum. Darunter verstand er nicht nur, daß der Herrscher als Geldgeber und Mäzen in Erscheinung zu treten habe. Die Maßstäbe, die er an sich selbst legte, waren weitaus höher. Dem Monarchen dachte er die Aufgabe zu, auch als Vordenker, Ideengeber, Anreger in Erscheinung zu treten. Sein Sohn Maximilian setzte bewußt und mit voller Überzeugung diese Wittelsbacher Tradition fort, wenn er während seiner Regierungszeit auch andere Akzente setzte.

In der ludovizianischen Ära spielte die Architektur und die Malerei eine ganz zentrale Rolle. München, die Hauptstadt der Künste – das war die Traumvorstellung Ludwigs. Doch er schätzte auch Dichter und Schriftsteller, was heute leicht übersehen wird. Lange Zeit verfolgte er den Plan, München auch zu einer Hauptstadt der Poesie zu machen. Diese Anstrengung fand ihren Höhepunkt in einer Reise zum alten Goethe nach Weimar. Ihn, den unumstrittenen Dichterfürsten Deutschlands, versuchte der bayerische König zu überreden, seinen Wohnsitz nach München zu verlegen. Doch der Geheimrat winkte ab, wenngleich er sich durch das fürstliche Angebot auch sehr geschmeichelt fühlte.

Ludwigs Begeisterung für die Poesie ging so weit, daß er sich selbst sehr häufig als Verseschmied versuchte. Fast unübersehbar ist die Zahl der Gedichte, die er im Laufe seines Lebens verfaßte. In seinem oft stürmisch verlaufenen Leben gibt es kaum einen wichtigen Augenblick, den der König nicht in Verse gegossen hätte. Die freilich sehr hölzernen Zeilen, die meist unbeholfen gespreizt wirken, verließen nie das Niveau der Gelegenheitspoesie eines gemütsstarken Dilettanten. Das hielt Ludwig allerdings nie davon ab, seine dichterischen Hervorbringungen zu veröffentlichen, was viele als peinlich empfanden. Über das Huldigungsgedicht, das er für Goethe verfaßte, ging der Weimarer Geheimrat mit vornehmer Zurückhaltung hinweg, was den enthusiastischen Wittelsbacher verletzte.

Auch Maximilian versuchte sich gelegentlich in der Dichtkunst, wozu ihn der Vater immer wieder ermunterte. Doch der Sohn war vorsichtiger. Seine Gedichte legte er einem befreundeten Schriftsteller zur Begutachtung vor. Als dieser von einer Veröffentlichung abriet, hielt sich Maximilian an den Rat und ersparte sich damit einigen Spott. Auf Schloß Hohenschwangau wollte er sich sogar einmal an ein Ritterdrama wagen, ›Konradin von Hohenstaufen‹ sollte das Stück heißen. Es wurde nie vollendet. Selbstkritisch erkannte Maximilian: »Nach der Dichterkrone ringen darf ich nicht.«

Die Bemühungen, München auch zu einem Zentrum der Literatur zu machen, gestalteten sich schwierig. Heinrich Heine hatte lange Zeit den Wunsch, an der Münchner Universität einen Lehrstuhl zu übernehmen. Die Chancen standen gar nicht so schlecht. Wer am Hof dann gegen Heine intrigierte, läßt sich nicht mehr feststellen. Der Plan scheiterte aber letztlich. Der zu beißender Ironie fähige Heine rächte sich auf seine Weise, indem er Ludwig I. mit einer größeren Zahl von Spottge-

dichten überschüttete, womit die Türen endgültig zugeschlagen waren.

Die Zahl der Dichter und Schriftsteller, die die neu er-
standene Kunststadt München besuchten, war groß.
Franz Grillparzer und Joseph von Eichendorff, Gottfried
Keller und Christian Andersen kamen und beschrieben
Ludwigs Isar-Athen. Doch außer Clemens von Brentano
blieb keiner. Das Urteil der deutschen Poeten über das
neue München war sehr unterschiedlich – es reichte von
hymnischer Bewunderung bis zur radikalen Ablehnung.

Als Maximilian seinem Vater als bayerischer Herrscher
folgte, änderte sich einiges. Der Professor auf dem
Königsthron verstand es ganz offensichtlich besser,
Schriftsteller an sich zu binden. Möglicherweise erschien
der intellektuellere der beiden Wittelsbacher den Poeten
als der kompetentere Gesprächspartner. Jedenfalls gelang es ihm, einen Münchner Dichterkreis aufzubauen.

Für die damalige Literaturszene war es geradezu sensationell, daß es der Monarch schaffte, Emanuel Geibel
1852 in die bayerische Hauptstadt zu locken. Der aus Lü-
beck stammende Dichter war 37 Jahre alt, als er das Angebot erhielt, eine Professur für Literatur an der Münchner
Universität zu übernehmen, und zwar für ein stattliches
Jahresgehalt, das der Monarch aus seiner Privatschatulle
bezahlte. Geibel, der bereits ein wildbewegtes Leben hinter sich hatte, das ihn durch halb Europa führte, nahm
den Ruf an.

Seine süffige Poesie ließ ihn rasch zu einem in ganz
Deutschland gefeierten Modedichter werden, seine Ge-
dichtbände erzielten hohe Auflagen. Geibel, der Ästhet,
hatte sich ganz der schönen Form verschrieben. Einer
idealisierten Darstellung des prosaischen Alltagslebens
galt seine ganze Energie. Solche Töne fanden in den fünfziger Jahren des 19. Jahrhunderts ein dankbares Publikum, denn nach der Revolution von 1848 machte sich im

Bürgertum eine starke Sehnsucht nach einem harmonisch-edlen Weltbild breit. Emanuel Geibel fand genau die Worte, die solche Sehnsüchte stillten. Die Auseinandersetzung mit den Ecken und Kanten einer ganz und gar unpoetischen Realität mied Geibel, sie war dem Ästheten zu platt, zu abstoßend.

Der Schriftsteller Theodor Mundt, der zum Kreis der aggressiven Jungdeutschen gehörte, urteilte in seiner Literaturgeschichte über seinen zeitgenössischen Kollegen voller Hohn: »Geibel ist ein typischer Vertreter der Goldschnitt-Poesie, die in neuester Zeit beim deutschen Publikum so reichlichen Eingang gefunden und in der Poet und Buchbinder sich gewissermaßen gegenseitig unter die Arme greifen müssen. Die Deutschen kaufen seit einiger Zeit mehr die Einbände als die Bücher, weil sie mit den ersteren ihre kleinen häuslichen Luxusbedürfnisse und gewisse Geschenke der Liebe und der Wohlfeilheit am leichtesten bestreiten können. Dieses Bedürfnis hat namentlich lyrische Dichter gefunden, die Virtuosität der Phrase und Gesinnungstüchtigkeit genug besäßen, um selbst zur Ausfüllung eines vorhandenen schönen Einbands die passenden Gedichte zu liefern. Auch in Geibels Poesie sieht manches in der Tat nur wie eine lyrische Ergänzung zum Goldschnitt und der gepreßten Lederarbeit aus.«

Auch wenn die beißende Kritik am Gesamtwerk Geibels stark überzogen sein mag, sie trifft zweifellos einen wahren Kern. Der bayerische Hanseat, der es im München König Maximilians zu einer Art Dichterpapst gebracht hatte, war nichts mehr, aber auch nichts weniger als ein hochbegabter, virtuoser Epigone der späten Klassik, zu schwach, um einen eigenständigen neuen Weg zu finden, zu glatt und formverliebt, um sich in der deutschen Literaturgeschichte einen bleibenden Namen zu sichern.

Zu den bemerkenswerten Eigenschaften Geibels gehörte es allerdings auch, daß er seinen Stellenwert sehr
wohl selbst einzuschätzen wußte. Als ihn ein glühender
Verehrer einmal mit Goethe verglich, wies Maximilians
Hofdichter diese Lobhudelei entrüstet zurück und
schrieb: »Goethe stand als bahnbrechender Genius am
Anfang einer glänzenden Epoche. Ich bin der letzte einer
langen Reihe bedeutender Lyriker, der, wenn auch bei ei-
gentümlich gefärbter Individualität, doch nur die Töne
seiner Vorgänger noch einmal in gediegenster und
durchgebildetster Form zusammenfaßt. Zu unseren großen Meistern verhalte ich mich nicht anders, wie etwa
Mendelssohn zu Mozart und Beethoven, und darf daher
zufrieden sein, wenn mir gleich jenem nur dies und das
gelungen ist, was auch neben und nach den Werken der
Heroen ein unbefangenes Gemüt noch anzusprechen
vermag.«

Die Fülle des Wohllauts einzufangen und zu Papier zu
bringen – das war Emanuel Geibels schriftstellerisches
Ziel, und er schrieb sich damit in das Herz Maximilians,
der ihn hoch verehrte und ihm eine herausragende Funktion bei der Verleihung des Maximiliansordens übertrug.
In den vom König gestifteten Orden, der für hervorra-
gende Leistungen auf dem Gebiet der Wissenschaft und
der Kunst gedacht war, konnten nur Männer aufgenommen werden, die von Emanuel Geibel für würdig befunden wurden. Ohne seine Zustimmung ging gar nichts.
Der Monarch hielt sich streng an diese Spielregel.

Von seiner Professur an der Münchner Universität
machte Geibel übrigens nur wenig Gebrauch. Ganze fünf
Vorlesungen hielt er in den 34 Jahren, die er in der bayerischen Hauptstadt zubrachte. Der König, der ihn fürstlich
bezahlte, nahm seinem Hofpoeten die wissenschaftliche
Zurückhaltung nicht übel und drang keineswegs auf
mehr Gelehrtenfleiß.

Zu Geibels Auftrag gehörte es auch, den Münchner Dichterkreis durch neue Berufungen zu erweitern. An der Berliner Universität bereitete sich der junge Paul Heyse gerade darauf vor, sich zu habilitieren, als ihn 1854 der Ruf Maximilians aus München erreichte. Der im Umkreis Bettina von Arnims, der Muse der Romantiker, großgewordene Schriftsteller galt in der damaligen literarischen Landschaft als hoffnungsvolles Talent. 24 Jahre war er alt, als der ehrenvolle Auftrag aus Bayern kam.

Maximilian warf wieder eine stolze Gage aus, die den jungen Heyse zu nichts verpflichtete, außer im Dunstkreis des bayerischen Königs an seinem dichterischen Werk zu arbeiten und dem Monarchen als Partner zu feinsinnigen Gesprächen zur Verfügung zu stehen. Zusammen mit Geibel wurde er rasch zum Mittelpunkt des Münchner literarischen Lebens in der maximilianischen Zeit. Die Produktivität des Berliners war enorm. Neben unzähligen Novellen, Gedichten und Romanen verfaßte er 70 Dramen, von denen viele am Hoftheater uraufgeführt wurden, meist aber nach wenigen Vorstellungen wieder aus dem Spielplan verschwanden. Die Form des Dramas galt im 19. Jahrhundert noch immer als die anspruchsvollste literarische Gattung, als der künstlerische Gipfel der Dichtkunst. Dauerhafter Erfolg ist allerdings keinem Theaterstück Paul Heyses vergönnt gewesen, sie alle bewegten sich doch allzu sehr im Bereich einer kraftlos edlen Bildungsliteratur.

Ähnlich Geibel fühlte sich auch Paul Heyse ausschließlich der Konservierung einer anspruchsvollen poetischen Form verpflichtet. Vor der Zugluft, die unbequeme Auseinandersetzungen mit den harten Realitäten des beginnenden industriellen Zeitalters verbreiteten, wurden vorsorglich die gut abgedichteten Fenster geschlossen, damit der feinziselierte künstlerische Schnörkel keinen Schaden erlitt. Als Paul Heyse im Alter von 84 Jahren in

München starb, hinterließ er ein opulentes Werk. Doch der Nachruhm verblaßte so rasch wie der seines Dichterfreundes Geibel. Auch wenn er 1910 als erster deutscher Schriftsteller mit dem Nobelpreis geehrt wurde, konnte diese späte Auszeichnung nicht darüber hinwegtäuschen, daß Paul Heyses Stern am Literatenhimmel längst verloschen war. Eine neue Generation von Schriftstellern war herangewachsen, die sich mit einer ganz neuen Zeit beschäftigte, in der poetische Goldschnittkunst nicht mehr gefragt war. Paul Heyse konnte sich gegen den Wandel des Geschmacks und des Anspruchs nicht behaupten. In den gängigen Literaturgeschichten dieses Jahrhunderts kommt er nicht mehr vor.

Die Münchner Poeten zu Maximilians Zeiten, die sich um die damaligen Titanen Heyse und Geibel scharten, schlossen sich zu einem literarischen Club zusammen, der sich ›Gesellschaft der Krokodile‹ nannte, wobei nie genau geklärt werden konnte, woher dieser eigenartige Titel kam. Eine der farbigsten Erscheinungen in diesem Poetenzirkel war Friedrich Bodenstedt, der auch einem Ruf Maximilians nach München gefolgt war. Abenteuerlich war der Werdegang des aus Peine stammenden Literaten, der in Göttingen und Moskau studierte, in Tiflis eine Lehrtätigkeit aufnahm, im Kaukasus die kriegerischen Auseinandersetzungen zwischen Russen und Georgiern hautnah verfolgte und 1845 wieder nach Deutschland zurückkehrte.

Bodenstedt, der später am Hof von Weimar geadelt wurde und kurzfristig als Dramaturg in Meiningen arbeitete, machte sich vor allem als Übersetzer einen Namen. In München berief ihn Maximilian auf den Lehrstuhl für Slawistik. Aber auch als Lyriker tat sich Bodenstedt hervor. Berühmt waren damals seine Sammlungen von Volksliedern aus dem slawischen Sprachraum. Die ›Lieder des Mirza-Schaffy‹, die angeblich aus uralten georgischen Überlieferungen stammten, vermutlich aber von Bodenstedt selbst erfunden wurden, brachten es zu donnernden Auflagenerfolgen. Die sinnenfreudigen Gedichte, die eine ungebrochene Lust am Leben feiern und in die Reihe der Anakreontiker gehören, wurden zu einem ausgesprochenen Bestseller des 19. Jahrhunderts. Der Georgier Mirza-Schaffy wurde zu einer Art Kultfigur der Bourgeoisie.

Eine wichtige Persönlichkeit im Umkreis Maximilians war der Literat Adolf Graf von Schack. Der aus Mecklenburg stammende Aristokrat erhielt 1854 eine Einladung, seinen Wirkungskreis nach München zu verlegen. »Höchst unerwartet«, notierte er später in seinen Erinnerungen, »empfing ich im Auftrag König Maximilians II. von Bayern ein an mich gerichtetes Schreiben, dessen Zweck es war, mich in die Nähe dieses Monarchen zu ziehen.« Graf Schack fühlte sich geehrt und nahm den Ruf an. Offiziell gehörte der dichtende Adlige zum Kreise um Geibel und Heyse, doch sehr eng waren die Beziehungen zu den Hofpoeten wohl nicht. Schack war mehr ein stiller Einzelgänger, der den literarischen Betrieb haßte.

Doch die Persönlichkeit Maximilians zog ihn an. Schon bei der ersten Begegnung, die 1854 in Berchtesgaden stattfand, stellten beide eine gemeinsame Wellenlänge fest. Schack schätzte die geistige Beweglichkeit und die hohe Bildung des Königs, war beeindruckt von der hohen Ernsthaftigkeit des Wittelsbachers und dessen Anstrengungen, das bayerische Geistesleben zu fördern. Der norddeutsche Graf rühmte wiederholt die intellektuelle Elastizität Maximilians und schrieb einmal: »Es ist zu bewundern, wie er sich bald über naturwissenschaftliche Gegenstände, bald über Geschichte oder bildende Kunst in Erörterungen einließ und schließlich auch poetischen Vorträgen noch den empfänglichsten Sinn entgegenbrachte. Wenn ein Gedicht Eindruck auf ihn machte, wenn er es wirklich schön fand, so gab er seinem Beifall lauten Ausdruck. Nie aber ließ er sich herab, aus bloßer Höflichkeit etwas zu loben, das ihm nicht gut schien.«

Graf Schacks literarischer Nachruhm ist bescheiden, seinen großen Ruf hat der vielseitig Gebildete vielmehr seiner Tätigkeit als Kunstsammler zu verdanken. Als Förderer bedeutender Maler des 19. Jahrhunderts setzte er in München wichtige Akzente. Maler wie Lenbach, Böcklin oder Feuerbach haben ihm viel zu verdanken. Die nach ihm benannte Galerie gehört zu den wichtigsten Münchner Bildersammlungen.

Wiederholt versuchte Paul Heyse seinen Dichterfreund Johann Viktor von Scheffel nach München zu holen, um ihm einen festen Platz in seinem Kreis zu sichern. Der alemannische Schriftsteller, Autor des damals vielgelesenen Romans ›Ekkehard‹, lehnte ein Angebot des sächsischen Hofs ab – nicht zuletzt, um sich für Bayern freizuhalten. Die Aussichten waren auch lange Zeit nicht schlecht. »Wir hätten Dich gern hier!« schrieb Paul Heyse und fuhr fort: »Daß auch Dir unter uns wohl würde sein, eben jetzt, wo wir anfangen, zusammenzuwachsen und einen gesunden Trieb zu gewinnen, bezweifle ich nicht.«

Scheffel war begeistert von der Idee, denn er liebte München, auch wenn er gegen die bayerische Mentalität Vorbehalte hatte. So schrieb er während der sich lange hinziehenden Verhandlungen einmal an Paul Heyse: »Ich mache mir auch keinerlei Illusionen über die Schwierigkeiten, die einem aus der Ferne herbeigezogenen, harmlosen Menschen erwachsen können – der bojoarische Boden ist derb und zäh und zu intimer chemischer Verbindung mit fremden Elementen wenig geneigt.« Aus dem Plan einer Übersiedlung nach München wurde nichts, Maximilian entwickelte in diesem Fall keine nennenswerte Energie. Einen Trost ließen ihm seine Dichterfreunde freilich noch zukommen: Sie ernannten ihn zum Ehrenmitglied der ›Gesellschaft der Krokodile‹.

So quirlig die Aktivitäten des Münchner Dichterkreises, der sich um Maximilian versammelte, auch waren, so wenig beliebt waren die Poeten bei den Münchnern. Sie allesamt galten als ›Nordlichter‹, die man in Bayerns Hauptstadt als Eindringlinge empfand. Die Ablehnung beruhte übrigens auf Gegenseitigkeit. In den Augen der aus Norddeutschland berufenen Schriftsteller war die Residenzstadt der Wittelsbacher zu dumpf, zu hinterwäldlerisch, zu unsensibel, um als geistiges Zentrum gelten zu können. Es gab nach ihrer Einschätzung im wesentlichen nur einen einzigen Menschen, der aus der Mittelmäßigkeit herausragte: König Maximilian, der intellektuelle Monarch, der sie alle finanzierte.

In der Münchner Bevölkerung galten die ›Nordlichter‹ als überheblich und anmaßend, hochnäsig und überspannt. Der zurückgezogen lebende Maximilian verstand es nicht, zwischen den Fronten zu vermitteln. Obwohl in München geboren, sprach er nie Bayrisch, sondern immer Hochdeutsch, und es fehlte ihm wohl auch das Gespür dafür, wie wichtig ein entspanntes Klima für seine Residenzstadt gewesen wäre.

Der Münchner Dichterkreis blieb in München selbst ein Fremdkörper. Nach dem Tod Maximilians löste er sich rasch auf. Eine anhaltende, die süddeutsche Literatur markant prägende Gestaltungskraft ging von dem Zirkel der Hofpoeten nicht aus. Aber auch die Entwicklung der gesamten deutschen Literaturgeschichte blieb von der ›Gesellschaft der Krokodile‹ weitgehend unbeeinflußt. Des Königs Plan, aus München eine Hauptstadt der Poeten zu machen, ist langfristig gesehen sicher gescheitert. Der Poetenkreis, den Maximilian um sich versammelte, war in den Augen Eichendorffs nichts anderes als eine ›Dichterbewahranstalt‹.

Die Liebe zu Tabellen

Entschlußfreudigkeit, Spontaneität, der rauschhafte Zustand geballter Lebensfreude – nichts war dem bayerischen König fremder. Zäh, aber immer unsicher, belastet von übergroßem Verantwortungsbewußtsein, das oft lähmend wirkte, rang Maximilian um jede Entscheidung, hielt sich selbst beim Umgang mit vertrauten Freunden spröde zurück und war weitgehend unfähig, sich zu begeistern. Während sein Vater Ludwig I. auf Menschen zuging, sie oft auch durch seine ruppige Art verletzte, mit seinen Lieblingsmalern gelegentlich Arm in Arm bei seinen täglichen Spaziergängen durch München schlenderte, scheute der Sohn vor jeder großen Geste zurück und versteckte seine zweifellos vorhandene Herzlichkeit hinter der Maske der steifen Etikette. Daß auch er bisweilen von einem Menschen, von einer schönen Situation hingerissen sein konnte, wollte er niemanden spüren lassen. Pedantisch exakt teilte er sein Leben ein, jede Stunde im Tagesablauf war genau festgelegt. Daraus sprach zwar auch Unsicherheit, aber mehr noch ein energischer Wille zu Ordnung und Disziplin, die für ihn im Umgang mit den kleinsten Kleinigkeiten begann.

Maximilian stand täglich, ob zu Hause oder auf Reisen, zwischen 5 Uhr und 5.30 Uhr auf, im Sommer wie im Winter. Die Kammerdiener hatten zu dieser Zeit im Vorraum seines Schlafzimmers bereit zu sein. Genau 45 Minuten waren zum Waschen, Ankleiden und Frühstücken vorgesehen, wobei die erste Mahlzeit des Tages aus einer Tasse Kaffee und einer Semmel bestand.

Anschließend begab er sich in sein Arbeitszimmer, wo bereits sein engster Mitarbeiter, und das war jahrelang Hofrat von Pfistermeister, auf ihn wartete. Bis 9.30 Uhr wurde die aktuelle Tagespolitik besprochen und Akten durchgesehen, wurden Entscheidungen gefällt oder – weitaus häufiger – auf den nächsten Morgen vertagt. Dann folgte ein einstündiger Spaziergang im Englischen Garten. Zu seiner Begleitung gehörten die beiden Ordonnanzoffiziere Graf Moy de Sons und Anton Freiherr von Cetto. Zu den morgendlichen Spazierrunden wurden sie vor allem deshalb eingeladen, weil sie perfekt Englisch und Französisch sprachen. Der König legte Wert darauf, seine Fremdsprachenkenntnisse laufend zu verbessern.

Um 10 Uhr traf Maximilian wieder in seinem Arbeitszimmer in der Residenz ein, beschäftigte sich an seinem Schreibtisch mit Gutachten, Bittschriften und Vorschlägen. Das Gabelfrühstück, das regelmäßig um 12 Uhr begann, dauerte knappe 15 Minuten. An diesem Imbiß, bei dem Maximilian zwei bis drei weiche Eier und gebratenes Fleisch zu sich nahm und in der Regel ein Glas Bordeaux trank, beteiligten sich auch die Königin und die beiden Söhne.

Für die Regierungsgeschäfte zog sich der König anschließend bis 16 Uhr zurück, wobei normalerweise nachmittags auch eine Stunde für Audienzen vorgesehen war. Dann folgte die große Tafel, bei der sieben Gänge gereicht wurden. Während sich bei den Getränken Maximilian weiter an Bordeaux hielt, schätzte seine Frau vor allem bayerisches Bier. Der Monarch, der nie zur Körperfülle neigte, entwickelte einen guten Appetit. Auch Königin Marie hielt sich nicht gerade zurück.

Der späte Nachmittag war für eine einstündige Ausfahrt vorgesehen. Sie führte normalerweise durch die Residenzstadt. Zwischen 20 und 21 Uhr nahm Maximilian bei seiner Frau noch eine Tasse Tee, dann zog er sich zurück. Normalerweise ging der König gegen 21.30 Uhr schlafen. Speisen nahm er am Abend grundsätzlich nicht mehr zu sich.

Der Wittelsbacher, erfüllt von Pflichtbewußtsein und Ordnungssinn, liebte Tabellen über alles. Mit ihrer Hilfe konnte er alles, was ihm wesentlich und wichtig erschien, festhalten, überprüfen, in Erinnerung bringen. Tabellen halfen ihm auch bei seinem ganz persönlichen täglichen Rechenschaftsbericht. Für seine Selbstüberprüfung, die oft zur selbstquälerischen Aktion wurde, nahm sich Maximilian viel Zeit. Schriftlich hielt er fest, wie es um seinen Seelenzustand stand, wo er nach eigener Einschätzung Fehler gemacht hatte, wo Verbesserungen des Verhaltens anzubringen waren.

Die tägliche Kontrolle der Psyche sah zwölf Punkte vor, im Jahr 1852 wurde die Tabelle auf acht Punkte reduziert. Maximilian testete dabei seine innere und äußere Ruhe, überprüfte, ob er beherrscht oder unbeherrscht war, ob er jemand aus seiner Umgebung verletzte und durch Ungerechtigkeiten beleidigte, ob er seinen täglichen Stundenplan genau einhielt, sich korrekt um die Finanzen kümmerte. Ganz oben auf der Checkliste stand die Frage nach der inneren Vervollkommnung, denn sein Gewissen erforschte der Monarch gründlich. Eine Tagebucheintragung hält beispielsweise fest: »Habe ich diesen Tag niemand mißhandelt, hintergangen, unterdrückt, übervorteilt? Habe ich diesen Tag niemand verleumdet? Mündlich, schriftlich, durch Anklagen, mit Achselzukken, Schweigen, Hohnlächeln?«

Diese ganz persönlichen Rechenschaftsberichte fanden oft im Sanctuarium statt, einem stillen Andachtsraum in der Residenz, in dem ein Sarkophag aus Marmor stand. Es handelte sich um den Sarg, in dem Maximilian einmal beerdigt werden wollte. Der tägliche Anblick dieser letzten Station seines Lebens sollte ihm immer die Vergänglichkeit des Seins bewußt machen.

Die wirklichen Glücksmomente müssen im Leben dieses Monarchen sehr selten gewesen sein. Das Pflichtbewußtsein, das ihn fast erdrückte, die trockene Ernsthaftigkeit, mit der er alles betrieb, ließen nur wenig Platz für Freude. Was er kurz nach seinem Regierungsantritt seinem Vater schrieb, charakterisierte auch seine gesamte Amtszeit: »Diese schwere Last übernahm ich mit leidender Gesundheit. Ich übernahm sie, auf Gott vertrauend und auf meinen redlichen Willen. Wenige oder besser keine Freunde wurden mir zuteil. Eine Dornenkrone ist es, die ich trage. Durch diese täglichen Körper- und Seelenleiden erscheint sie mir oft eine unerträgliche Bürde.« Seit seiner Jugendzeit litt Maximilian an unerträglichen Kopfschmerzen, die ihn bis zu seinem Tode plagten. Eine Ursache wurde nie herausgefunden, die Ärzte konnten ihm so gut wie keine Linderung verschaffen. Nur bei Reisen nach Italien verbesserte das milde Klima seinen Gesundheitszustand.

Unablässig arbeitete der König an sich selbst, versuchte auch gegen die Melancholie anzugehen, die ihn häufig überfiel. Der oft qualvolle Prozeß des Ringens mit seinen pessimistischen Stimmungen läßt sich in seinen Tagebüchern ablesen. So schreibt er einmal programmatisch: »Alle Sonntage strenges, unerbittliches Gericht über sich zu halten, inwiefern ich die Woche durch mich meinem ewigen Ziele genähert oder mich von ihm entfernt habe.«

Sein Vater sah diese Entwicklung zum Selbstquälerischen mit großer Sorge. Ludwig I. liebte zwar auch die Disziplin, stand morgens um 4 Uhr auf, um zu arbeiten, war in persönlichen Angelegenheiten sparsam bis zum Geiz, trug abgewetzte Anzüge und ließ trockenes Brot zu Knödeln verarbeiten – doch er war eine Herrscherpersönlichkeit von genialem Schwung, faszinierte und ließ sich faszinieren und konnte eine mitreißende Dynamik entwickeln. Ludwig I. war ein Despot und liebte gleichzeitig die Menschen, war unbeherrscht in seinem Zorn, unbeherrscht im Überschwang seiner Gefühle. Die völlig anders gelagerte Persönlichkeitsstruktur seines ältesten Sohnes blieb ihm immer fremd. Ein herzliches Verhältnis konnte sich zwischen den beiden nie entwickeln – auch in späteren Jahren nicht, in denen Ludwig eine gewisse Altersmilde entwickelte und seine Abneigung gegen das komplizierte Seelenleben Maximilians so langsam vergaß. Der Tatmensch hatte seine Schwierigkeiten mit dem introvertierten Grübler. Was er an seinen jüngeren Sohn Otto einmal nach Griechenland schrieb, könnte Ludwig auch Maximilian zugedacht haben: »Dein gewaltiges Nachgrübeln, Du Lieber, lasse sein, so sehr ich auch für Gewissenhaftigkeit bin. Aber dieses Nachgrübeln hemmt das Handeln und verbittert das Leben.«

Das ohnmächtige Militär

Es gehört zweifellos zu den liebenswürdigen Eigenschaften der bayerischen Könige, daß sie ihren Ehrgeiz nicht in militärische Aktivitäten umsetzten. Ganz im Gegensatz zu Preußen, das gerade während der Regierungszeit Friedrich Wilhelms IV. gewaltige Summen in Ausbildung und Ausrüstung seiner Truppen steckte, gaben die Wittelsbacher ihr Geld lieber zur Förderung der Künste und der Wissenschaften aus. Ludwig I. entließ nach seiner Thronbesteigung gleich die Garderegimenter mit der ebenso richtigen wie knappen Bemerkung: Zum Repräsentieren sind sie völlig überflüssig und für den Ernstfall viel zu schwach.

Doch die jahrzehntelange Vernachlässigung des Militärs hatte für Bayerns Außenpolitik Folgen. Als Preußen mit Österreich um die Vormachtstellung in deutschen Landen rang und die politischen Drohgebärden mit Säbelrasseln ins Martialische steigerte, versuchte Bayern zwar auf die damaligen deutschen Supermächte mäßigend einzuwirken, doch der Erfolg war auch deshalb gering, weil der Staat der Wittelsbacher als ernstzunehmende Streitmacht nicht in Frage kam – zumindest nicht in der Mitte des 19. Jahrhunderts.

Falsch wäre es allerdings, den Wittelsbachern bei ihrer Rüstungspolitik pazifistische Überzeugungen zu unterstellen. Wenn bei der Modernisierung der Streitkräfte gespart wurde, so geschah es zu dieser Zeit aus reiner Finanznot.

Als nach dem Tod des Kurfürsten Karl Theodor im Jahr 1779 der pfälzische Wittelsbacher Maximilian Joseph, der spätere König Maximilian I., die Herrschaft in der Münchner Residenz übernahm, fand er einen kurz vor dem Bankrott stehenden Staat vor. Der Zustand der bayerischen Truppen muß den gelernten Offizier, der früher in Straßburg ein französisches Elite-Regiment kommandiert hatte, in helle Verzweiflung gestürzt haben. Die Finanznot war katastrophal. Nicht genug damit, daß die Kassen des Staates leer waren, lasteten schwere Schulden auf dem Land. Sie gingen zurück auf Max Emanuel, den ebenso abenteuerlustigen wie ehrgeizigen ›blauen Kurfürsten‹, der sich in den spanischen Erbfolgekrieg hatte verstricken lassen, was sein Land in schwere Desaster stürzte.

An der Staatsverschuldung, die hausgemacht war, änderte sich zunächst so gut wie nichts, als Maximilian Joseph durch die Gunst Napoleons 1806 zum König ernannt wurde. Der neue Herrscher auf Bayerns Thron hatte kein ausgeprägtes Geschick im Umgang mit Geld. Zu den hausgemachten Schwierigkeiten kamen neue. Die napoleonischen Kriege verwüsteten weite Teile des Landes, das Steueraufkommen sank. Verhängnisvollerweise wurde Bayern zudem vom Kaiser der Franzosen dazu gezwungen, sich an dem Feldzug gegen Rußland zu beteiligen. Das verheerende Ende: 30000 Soldaten, die 1812 in München ausgerückt waren, fanden den Tod. Napoleon wurde vernichtend geschlagen. Die Armee des Königs von Bayern war ausgeblutet. Von dem furchtbaren Aderlaß konnte sie sich lange Zeit nicht mehr erholen.

Als 1825 Ludwig I. den Thron bestiegen hatte, galt eine seiner ersten Maßnahmen der Neuordnung der Staatskasse. Drastische Abstriche machte er zuerst bei der Hofhaltung; die Mittel, welche reinen Repräsentationsaufgaben zugedacht waren, wurden ersatzlos gestrichen. Aber auch der Militärhaushalt erfuhr eine drastische Abmagerungskur – er wurde um 15 Prozent gekürzt. Eine nach dem Desaster des Rußlandfeldzugs dringend fällige Neuordnung des Heeres und eine Modernisierung der Ausrüstung unterblieb.

Das Offizierscorps war bei Ludwigs Regierungsantritt völlig überaltert, die Besoldung miserabel, die Ausbildung nachlässig bis schlampig. Ludwig I. interessierte sich zwar intensiv für ein kühnes Städtebauprogramm und den Ankauf wertvoller Gemälde und Skulpturen für die Münchner Galerien, doch der desolate Zustand seiner Truppen ließ ihn unberührt. An dieser Grundeinstellung änderte sich wenig, als Maximilian II. seinen Vater auf Bayerns Thron ablöste. Der Professor am Schalthebel der Wittelsbacher Machtzentrale förderte Wissenschaft und Technik, Städtebau und Kunst, spendete üppig für soziale Zwecke – doch beim Militär blieb er knausrig wie sein Vater.

Die Zurückhaltung, die Maximilian beim Rüstungsbudget übte, war zu damaliger Zeit aber keine spezifisch bayerische Erscheinung. Europa, das noch an den Folgen der napoleonischen Feldzüge und ihrem verheerenden Kahlschlag litt, war kriegsmüde geworden. Die im Zuge des Wiener Kongresses von Österreichs Außenminister Fürst Metternich eingeleitete Phase der Restauration verhieß zumindest äußerlich ruhige Zeiten, die Gefahr neuer größerer militärischer Auseinandersetzungen zeichnete sich bis in die fünfziger Jahre des 19. Jahrhunderts zumindest in Mitteleuropa nicht ab. Eine längere Phase des Friedens wurde als sicher angenommen.

Ein Schockerlebnis gab es in Bayern allerdings im Revolutionsjahr 1848. Als während der Märzunruhen in München für die bayerische Armee die allgemeine Mobilmachung ausgerufen wurde, zeigte sich, in welch trostlosem

Zustand die Truppen waren. Nur der Friedfertigkeit der Münchner Revolutionäre ist es zu verdanken, daß das königliche Militär nicht in einer totalen Blamage ruhmlos unterging. Maximilian ordnete nach diesem Offenbarungseid zwar eine straffe Neuorganisation an, doch die Durchführung der Pläne verlief sehr schleppend und wurde vom Monarchen auch nur halbherzig verfolgt.

Der allgemein übliche Schlendrian war nicht zuletzt auf die Besetzung des Offizierscorps zurückzuführen, das vorwiegend aus Mitgliedern des bayerischen Adels bestand. Offizier zu sein – das war im wesentlichen eine gesellschaftliche Angelegenheit. Militärische Streßzustände sollten tunlichst vermieden werden.

Wie Max Brunner in seiner Untersuchung ›Die Hofgesellschaft‹ feststellt, entstammte während der Regierungszeit Maximilians II. von den 14 bayerischen Generälen nur einer einer bürgerlichen Familie. »Unter den übrigen befanden sich drei Prinzen des Hauses Wittelsbach und drei Mitglieder der Hocharistokratie – zwei Grafen von Pappenheim und Fürst von Thurn und Taxis.« Das besonders Groteske an der Personalstruktur des bayerischen Heeres zu Maximilians Zeiten war es, daß das Durchschnittsalter der Generalität bei 70 Jahren lag. Brunner stellt fest: »Herzog Max in Bayern, der zwar als Kreiskommandant der Landwehr von Oberbayern bis 1864 ein offizielles militärisches Kommando innehatte und in Erfüllung dieser Aufgabe seine Landwehrmänner gern in Reih und Glied zur Militärparade hatte antreten lassen, wurde 1857 weniger auf Grund dieses Kommandos zum General der Kavallerie ernannt, als vielmehr in seiner Eigenschaft als Mitglied des königlichen Hauses, beziehungsweise als Vater der österreichischen Kaiserin Elisabeth.«

Einer der scharfzüngigen Kritiker der bayerischen Armee war ein Wittelsbacher. Prinz Karl, der jüngere

Das bayerische Königspaar
mit dem Kronprinzen Ludwig und
dem Prinzen Otto

Wissenschaftler und Künstler, die König Max II.
regelmäßig um sich zu versammeln pflegte.
Im Mittelpunkt Alexander von Humboldt,
der von Justus von Liebig und Wilhelm von Kaulbach in die
Versammlung eingeführt wird. Zur Rechten Humboldts
Schelling, Thiersch, Klenze, Hermann und Döllinger.

Im Hintergrund Fraunhofer, Westenrieder und Lori.
Nach Kaulbach schließen sich nach hinten
Karl Ritter Dönniges, Leopold von Ranke, Geibel,
Lachner und Kobell an, hinter ihnen Schwanthaler,
Platen und Baader

Der König auf der Jagd

Bruder von Ludwig I., selbst gelernter Offizier. Er hatte seit 1841 den Rang eines Feldmarschalls inne. Maximilian ernannte ihn 1848 zum Generalinspekteur des Heeres. Zuvor hatte sich der Onkel des Königs über den schlechten Zustand der Truppen noch den Mund zerrissen und sarkastisch festgestellt: Jeder Gulden, der in diese Armee gesteckt wird, ist hinausgeworfenes Geld.

Als Prinz Karl Jahre später mit einem hohen Kommando betraut wurde, endete dieser Einsatz allerdings kläglich. Im Range eines Oberkommandierenden der Westdeutschen Bundesarmee operierte er höchst glücklos, als er 1866 die ihm anbefohlenen Verbände in den Krieg Österreichs gegen Preußen führte. Die bayerischen Truppen, die für den Wiener Kaiser kämpften, mußten eine schwere Niederlage einstecken, nicht zuletzt bedingt durch eine konfuse Organisation und schlechte Ausrüstung. Prinz Karl zog die persönlichen Konsequenzen aus dem Desaster und reichte seinen Abschied ein. Als kommandierender General hatte er damals bereits das 71. Lebensjahr überschritten.

Dieses vernichtende militärische Ergebnis, die ineffiziente Reform des Heeres und die mangelnde Schlagkraft der Truppen standen allerdings in umgekehrtem Verhältnis zur ausgeprägten Freude an schmucken Uniformen und farbenprächtigen Paraden. Die Mitglieder des Königshauses zeigten sich bei offiziellen Anlässen ganz gern im malerischen Offiziersgewand, die Demonstration militärischer Macht gehörte zum bayerisch-barocken Volksvergnügen. Es galt als besondere Ehre, mit dem Kommando des fesch gewandeten 1. Chevaulegers-Regiments betraut zu werden, an dessen strategischer Bedeutung im Krisenfall Militärhistoriker allerdings erhebliche Zweifel haben.

Trotz seines Pflichtbewußtseins und der ernsten Überzeugung, mit denen Maximilian II. all die von ihm eingeleiteten Reformen zunächst einmal anging – sehr oft versandete der königliche Elan in den Büros einer Ministerialbürokratie, die allen Neuerungen gegenüber zunächst einmal sehr skeptisch war. Der Monarch hinwiederum besaß nicht die penetrante Energie seines Vaters, den Ursachen des Schlendrians genau nachzugehen, um sie auszumerzen. Die Nachlässigkeit im Militärbereich könnte man heute als liebenswürdigen Charakterzug des mehr an der Wissenschaft interessierten Wittelsbachers werten, wenn die Wurschtigkeit nicht so fatale Folgen für seine Deutschlandpolitik gehabt hätte.

Je mehr die Institution des Deutschen Bundes in den fünfziger und sechziger Jahren des 19. Jahrhunderts an Bedeutung verlor, um so wichtiger wurde die Militärpolitik. Das Wettrüsten der beiden Großmächte Preußen und Österreich hatte neue Akzente gesetzt. Die Flächengröße und die Bevölkerungszahl Bayerns, die jahrzehntelang den Wittelsbachern an den Verhandlungstischen viel Gewicht verschafften, waren zwar noch immer Faktoren, die zählten. Aber zur Durchsetzung politischer Ziele reichten sie allein nicht mehr aus. Militärische Druckmittel gewannen an Bedeutung. Mit beispiellosem Aufwand betrieb Preußen den Ausbau der Armee zur modernsten und schlagkräftigsten Streitmacht Europas. Bayerns Truppen nahmen sich dagegen als geradezu abenteuerlich unterentwickelt aus.

Dieses Machtdefizit schwächte Maximilians Position, seiner Trias-Idee auf diplomatischem Weg mehr Gewicht zu verschaffen. Bayern als Führungsmacht der deutschen Mittelstaaten – diese Vision hatte angesichts der neuen Vorzeichen nur noch bedingte Überlebenschancen. Diese neuen Vorzeichen hießen: Preußen arbeitete zielstrebig auf eine militärische Entscheidung hin, um anschließend die Führungsrolle im deutschen Staatenbund zu übernehmen.

Die Symposien

Gleich nach seinem Regierungsantritt verwirklichte Maximilian einen Plan, den er bereits als Kronprinz hatte: Er träumte von einer fürstlichen Tafelrunde, an der sich die wichtigsten Gelehrten und Schriftsteller seines Landes beteiligen sollten. Es war zum einen die ausgeprägte Wißbegier des Monarchen, die zu dieser Einrichtung schließlich führte. Der König konnte sich auf diese Weise einen genauen Überblick über den Stand der Wissenschaft verschaffen und Einblick in die neuesten literarischen Produktionen nehmen.

Maximilian ließ sich bei der Erfindung dieser Abendgespräche, die ihre Vorläufer in der Zeit der Renaissance am Hofe der Medicis hatte, aber auch von dem Gedanken leiten, seine Regierungspolitik an den modernen geistigen Strömungen seiner Zeit zu orientieren. Die königlichen Symposien, die Maximilian regelmäßig veranstaltete, fanden in Deutschland starke Beachtung. Sie zeugten von dem ernsthaften Willen des Wittelsbachers, wissenschaftliche Erkenntnisse und neue Forschungsergebnisse in sein politisches Handeln mit einzubeziehen, die Aufklärung also ernst zu nehmen.

Mindestens einmal in der Woche versammelte Maximilian in der Residenz die ihm wichtig erscheinenden gelehrten Gesprächspartner. Offiziell erging die Einladung, die oft sehr kurzfristig kam, zu einem ›Billardabend‹. Es gab auch einen Spieltisch in dem Empfangsraum, doch er blieb meistens unbenutzt. Vorträge und Diskussionen standen im Vordergrund. Die Gäste hatten mit Frack und Zylinder zu erscheinen, darauf wurde aus Gründen der Etikette großer Wert gelegt. Maximilian haßte hemdsärmelige Männerrunden, bei denen keine ernsthaften Unterredungen stattfanden. Für gewöhnlich begannen die Symposien um 20 Uhr. Die eingeladenen Wissenschaftler und Poeten hatten sich in einem Halbkreis aufzustellen. Erst wenn die Gesellschaft komplett war, erschien der König. Zu Beginn der Tafelrunde wurde ein verhältnismäßig bescheidenes Essen gereicht, zu dem Wein als Tischgetränk serviert wurde. Wer eingeladen war, mußte erscheinen. Entschuldigungen wurden nur bei Krankheit akzeptiert.

Das Hauptthema des Abends bestimmte der Monarch selbst. In kurzen Referaten berichteten die jeweiligen Fachspezialisten über ihre Sicht zu den anstehenden Problemen. Anschließend ermunterte der König seine Gäste zu lebhaften Diskussionen über die vorgetragenen Thesen. An den oft hitzigen Streitgesprächen beteiligte sich Maximilian selbst. Er bestand darauf, daß von jeder dieser Abendveranstaltung ein Protokoll angefertigt wurde. Der König wollte damit sicherstellen, daß er die Forschungsberichte jederzeit nachlesen konnte. Was er im übrigen auch mit viel Leidenschaft tat und somit auf dem Gebiet der Wissenschaft als Deutschlands gebildetster Fürst galt, der sich immer auf der Höhe der Zeit befand.

Nach den Fachvorträgen löste sich die abendliche Runde in Einzelgesprächen auf, bei denen der König jedesmal einen anderen Wissenschaftler oder Künstler beiseite nahm, um Detailfragen zu erörtern. Der Monarch, der sich am Essen nie beteiligte, zog sich gegen 22 Uhr zurück, seine Gäste blieben meist bis Mitternacht und diskutierten weiter.

Für die eingeladenen Gäste war es eine Ehre, an den Symposien teilzunehmen. An der Häufigkeit der Aufforderung zur Teilnahme konnten die Wissenschaftler erkennen, wer gerade besonders hoch in der Gunst stand. Fast immer zugegen waren Maximilians Hofpoeten Paul Heyse und Emanuel Geibel. Heyse kam sehr oft die Aufgabe zu, das Protokoll des Abends zu führen.

In den Nachlässen der königlichen Gesprächspartner fanden sich viele Aufzeichnungen über die Billardabende. Allen ist gemeinsam, daß sie die ungezwungene Atmosphäre der Symposien rühmen und den König als besonders interessierten und aufgeschlossenen, aber auch als umfassend gebildeten Diskussionsteilnehmer schildern. Keineswegs immer waren sich die verschiedenen Gesprächsteilnehmer wohlgewogen. Es wurden auch Feindschaften und gereizt vorgebrachte Meinungsverschiedenheiten ausgetragen.

Friedrich Bodenstedt notierte nach einem Symposium, das im Jahr 1857 stattgefunden hat, mit spitzer Feder über seinen Dichterkollegen: »Geibel, der sich immer gebärdet, als sei er der Typus aller Reinheit und christlich-germanischen Frömmigkeit auf Erden.« Wenn sich der Monarch um 22 Uhr zurückgezogen hatte, begann für die geistige Elite des Landes der fröhliche Teil. Bei viel Rheinwein wurde noch zwei Stunden lang gefeiert.

Die königlichen Tafelrunden wurden auch während der Sommermonate anberaumt, fanden dann aber meistens im Nymphenburger Schloß, der Sommerresidenz der bayerischen Könige, statt. Nicht immer waren die Stammgäste der Symposien beglückt davon, wenn sie schon wieder zur Diskussion antreten mußten. Der Volkskundler Wilhelm Riehl bemerkte in seinen Erinnerungen einmal: »Selbst beim Sommeraufenthalte des Königs zu Nymphenburg mußten wir herüberkommen, um in den phantastischen Rokokoräumen des Lustschlößchens, angesichts der prachtvollen Wiesen und Baumgruppen des Parks die deutsche Wissenschaft in Auszüge pressen, während wir wohl lieber die Poesie der umgebenden deutschen Landschaft genossen hätten. Allein der König war unermüdlich.«

In der Münchner Bevölkerung stießen die Symposien zunächst auf Skepsis, später auf Ablehnung. Denn der Kreis der Eingeladenen setzte sich im wesentlichen aus den von Maximilian berufenen norddeutschen Gelehrten und Poeten zusammen. Bayerische Wissenschaftler fühlten sich nicht nur zurückgesetzt und schlecht behandelt, sie witterten auch einen gefährlichen Einfluß, den die ›Nordlichter‹ auf den Wittelsbacher Fürsten haben könnten. Daß der selbstkritische und aufrechte Maximilian sich zu keinen unüberlegten Entscheidungen hinreißen ließ, wurde bei dieser Kritik nicht in Betracht gezogen. Der König nahm sie sich schließlich aber doch so zu Herzen, daß die Zusammenkünfte ab 1856 stark eingeschränkt wurden. Münchens Bürgermeister Steinsdorf hat in einem persönlichen Schreiben an den Monarchen seinem Unmut Luft gemacht und massiv gewarnt: »Dieser fortgesetzte Verkehr mit Fremden und Protestanten macht Eure Majestät unpopulär.«

Dennoch ließ sich Maximilian nicht davon abhalten, die regelmäßigen Gäste seiner Diskussionsrunden einmal zu einer sechswöchigen Fußreise durch die Alpen einzuladen. Wie eng die menschlichen Beziehungen zwischen dem König und seinen ›Nordlichtern‹ waren, geht aus einer Anekdote hervor: Als Maximilian im Kloster Andechs von den Mönchen aufgefordert wurde, sich in das opulente Gästebuch einzutragen, wollte der Abt den Deckel sofort wieder schließen, nachdem der Wittelsbacher seinen Namenszug unter eine Widmung gesetzt hatte, doch der König bestand darauf, daß sich auch all seine Freunde, die zur Reisegesellschaft gehörten, verewigten. Was den Mönchen in hohem Grade mißfiel, weil es sich vorwiegend um Protestanten handelte.

Der Glaspalast als Symbol

Bayern war im wesentlichen ein Agrarland, als Maximilian die Regierung übernahm. Kleine Gewerbebetriebe, die für den direkten Verbrauch auf Bestellung arbeiteten, bildeten zwar in den Städten einen wichtigen Wirtschaftsfaktor, doch von der industriellen Revolution, die Europa 1848 schon längst erfaßt hatte, war zu diesem Zeitpunkt im Königreich der Wittelsbacher nichts zu spüren. Die Zahl der Betriebe, die mehr als zehn Beschäftigte hatten, ließen sich im ganzen Land an wenigen Händen abzählen. Gegenüber West- und Norddeutschland war Bayern auf dem Gebiet der Industrialisierung ein rückschrittliches Entwicklungsgebiet. Große Fabrikanlagen mit einer beginnenden Massenproduktion gab es hingegen im Rheinland, in Westfalen und vor allem in Sachsen.

Während der Regierungszeit Ludwigs I. wurde zwar das kleine Gewerbe, allem voran das Kunstgewerbe, stark gefördert. Doch an eine rasche und massive Entwicklung industrieller Fertigungsmethoden wurde nicht gedacht, obwohl die wirtschaftlich angespannte Lage dies notwendig gemacht hätte. Denn seit dem Zusammenbruch des napoleonischen Regimes und der damit verbundenen Aufhebung der Kontinentalsperre gegenüber den britischen Inseln überschwemmten hochwertige englische Industrieprodukte den deutschen Markt – und das zu Preisen, die das heimische Handwerk in größte Konkurrenzschwierigkeiten brachten. Die Folge waren

Firmenzusammenbrüche, Massenarbeitslosigkeit und soziale Verelendung. Gerade Bayern hatte unter dieser Entwicklung besonders stark zu leiden. Der starke englische Markt hatte in den deutschen Ländern neue Absatzmöglichkeiten entdeckt und machte gewaltig Druck, um seinen Vorteil auszunutzen. Und der war schon deshalb enorm, weil die industrielle Revolution im Mutterland der Massenfertigung bereits vor dem Jahr 1800 eingesetzt hatte. Das technische Know-how war dem des bayerischen Gewerbes haushoch überlegen, vor allem bei Produkten für den täglichen Bedarf.

Zwei Motive bewogen Maximilian, die Weichen in Bayern neu zu stellen und – wenn auch spät – im bisher vorwiegend von der Landwirtschaft lebenden Land der Industrialisierung eine große Chance zu geben. Einmal waren es sozialpolitische Überlegungen, die dazu führten, daß das Königshaus plötzlich die Einrichtung größerer Fabriken nicht nur duldete, sondern mit großer Kraft und Anstrengung auch förderte. Die neu entstandenen Produktionsstätten boten Arbeitsplätze, verbesserten die schlechte Beschäftigungssituation des Landes und kurbelten das Wirtschaftswachstum an, was zu mehr Wohlstand führte.

Zum anderen war Maximilian im Gegensatz zu seinem Vater ein an allen technischen Neuerungen stark interessierter Mensch und als der Wissenschaft verpflichteter Monarch von einer ungebrochenen Fortschrittsgläubigkeit beseelt. Schließlich hatte er München zu einem Zentrum der modernen Wissenschaft gemacht und schon damit den Grundstein für eine steile Aufwärtsentwicklung gelegt, die gegen Ende des Jahrhunderts auch reiche Früchte trug.

Dieser ganz neue Akzent, den Maximilian in seiner Wirtschaftspolitik setzte, brauchte auch ein architektonisches Symbol. Das Vorbild dafür fand sich in London, der Hauptstadt des Landes, das auf dem Gebiet der Technik in der Mitte des 19. Jahrhunderts die absolute Führungsrolle in Europa innehatte. Um sein riesiges Angebot an Industrieprodukten wirkungsvoll präsentieren zu können, veranstaltete das Inselreich im Jahr 1851 in London eine internationale Weltausstellung, die zu einem großen Erfolg wurde und die britische Wirtschaft erneut ankurbelte.

Neidvoll blickten die Staaten des Kontinents über den Ärmelkanal und betrachteten mißgünstig und ängstlich die in England ständig steigenden Umsätze bei industriell gefertigten Massenprodukten. Zentrum der Weltausstellung, diesem hochrangigen Wirtschaftsereignis, war ein Gebäude, das in seiner Architektur ein absolutes Novum der Baugeschichte darstellte: der Crystal Palace. Gußeisen und Glas waren die beiden einzigen Materialien, aus denen diese überdimensionale Halle bestand, die als Weltsensation gefeiert wurde. Ingenieurbaukunst nannte sich diese neue Form der Architektur, die sich von der konventionellen Baupraxis radikal unterschied. Mit dem neuen Material konnte schneller und billiger gearbeitet werden, denn es wurde in Fertigteilen serienmäßig hergestellt.

Gewächshäuser und Gartenhäuschen waren die Vorläufer dieser neuen Nutzbauten. Sie wurden bis zu Beginn der neuen Fertigungsmethoden allerdings in zeitraubender, mühevoller und kostspieliger Handwerksarbeit hergestellt. Doch neue Technologien, die vor allem das Gußeisen zu einem begehrten Baustoff machten, vereinfachten alles. Mit dem Siegeszug dieser neuen Methoden, die das Bauwesen revolutionierten, entwickelten sich auch neue ästhetische Maßstäbe. Als besonders attraktiv galt die klare Form, die technische Funktionen sichtbar macht. Ein tragendes Eisengerüst, das statische Gerippe eines Baus, wurde nicht verhüllt, sondern stolz zur Schau gestellt, weil es in seiner kühlen Sachlichkeit als schön empfunden wurde. Die hüllende Haut bestand aus riesigen Glasflächen, deren Herstellung auch kein Problem mehr war. Sie verschafften Durchsichtigkeit und gaben den Blick auf das konstruktive Gefüge frei. Die Wand verbarg nichts mehr, sie legte offen.

Maximilian, von Hause aus stark anglophil veranlagt, konnte sich dem besonderen Reiz dieser neuen Sachlichkeit nicht entziehen. Sie symbolisierte für ihn wissenschaftliche Kühle und technischen Fortschritt. Kein Wunder also, daß sich der Monarch überlegte, wie er ein dem Londoner Crystal Palace vergleichbares Gebäude in seiner Residenzstadt errichten lassen könnte.

Der Anlaß fand sich rasch. Maximilian war fest entschlossen, der noch in den Anfängen steckenden bayerischen Industrie einen kräftigen Schub zu geben. Um sie herauszufordern und um ihr die Möglichkeit zum internationalen technologischen Vergleich zu geben, plante er für das Jahr 1854 in München eine Industrieausstellung nach Londoner Vorbild. Sie sollte eine Plattform zum Kräftemessen werden. Bayerischen Unternehmern wollte Maximilian die Chance geben, sich am europäischen Standard zu orientieren, um den Anschluß zu finden.

Jetzt wurde der Bau einer Messehalle notwendig, die billig sein sollte, vor allem aber schnell zu erbauen war. Die Idee zum Münchner Glaspalast war geboren. Der königliche Hofbaurat August von Voit, ein tüchtiger Ingenieur, reiste auf Befehl des Monarchen nach London, um den Crystal Palace und seine Konstruktion zu studieren. Dann bekam er den Auftrag, für München eine vergleichbare Ausstellungshalle zu konzipieren.

Kompliziert gestaltete sich zunächst die Suche nach einem geeigneten Grundstück. Standorte wie ein Gelände nördlich des Siegestors, der Maximiliansplatz oder die gerade im Bau begriffene Maximilianstraße wurden diskutiert, aber schließlich wieder verworfen. Man einigte sich schließlich auf den Alten Botanischen Garten, der den Vorteil hatte, daß er in unmittelbarer Nähe des Hauptbahnhofs lag, was den Antransport der erwarteten Ausstellungsstücke erleichterte. Dazu kam, daß der Glaspalast im Anschluß an die Industriemesse als großes Gewächshaus einer neuen Funktion zugeführt werden konnte.

Jetzt drängte die Zeit, denn zur Planung, Vorbereitung und Ausführung blieb im Sommer 1853 nicht mehr viel Zeit. Am 8. Juni 1854 sollte das Gebäude fertig sein. August von Voit war im Umgang mit dem neuen Baumaterial Gußeisen und Glas bereits erfahren. Mit der Herstellung der einzelnen Bauelemente wurde die Nürnberger Eisengießerei Cramer-Klett beauftragt.

Das Bauprogramm war rasch beschlossen. Nach dem Vorbild des Londoner Ausstellungsgebäudes wurde ein gläserner Nutzbau geplant, dessen Skelett aus gußeisernen Säulen, Trägern und Verstrebungen bestand. Alle tragenden Teile sollten sichtbar bleiben, um die Konstruktion zum ästhetischen Prinzip zu erheben. Der Grundriß wie der Aufriß wurde der barocken Schloßbaukunst entlehnt. Der langgestreckte Bau wurde durch einen dominierenden Mitteltrakt und zwei abschließende Seitentrakte gegliedert, so daß eine in den Umrissen traditionelle Fassadenfront entstand.

Gußeisen wurde aber nicht nur für die statischen Aufgaben verwendet, das Material diente auch als Rohprodukt für die Ornamente. Der König nahm wie immer bei repräsentativen Bauvorhaben lebhaften Anteil an der Planung und bestand darauf, daß in den dekorativen Teilen nicht nur auf antikisierende Formen zurückgegriffen wurde, sondern auch gotische Elemente Verwendung fanden. Sie sollten in einer Zeit, die um nationale Einheit rang, deutsche Kulturtradition symbolisieren. Das Wunder gelang. Der Glaspalast wurde pünktlich fertig und bot der ersten internationalen Industrieausstellung auf bayerischem Boden einen attraktiven Rahmen.

Der wirtschaftliche Erfolg blieb nicht aus. Bayerns Industrie erlebte in den folgenden Jahren einen deutlichen Aufschwung. Mit dem Glaspalast setzte sich Maximilian selbst ein Denkmal, denn er spiegelt in seiner Form und seiner Funktion die wesentlichen Merkmale seiner Politik und seines wissenschaftlich-technisch orientierten Weltbilds wider. »So ist das Bauwerk in seinem äußeren Erscheinungsbild als ein Symbol für die Regierungsgewalt König Max' II. zu sehen. Das Rasterschema des Grundrisses, die starre Stützenordnung, die streng axiale Symmetrie der Anlage, die harmonisch gegliederten Fassaden sind Sinnbild des idealen Staates, sind Sinnbild für Ordnung und Harmonie«, schreibt der Architekturhistoriker Volker Hütsch.

600 Arbeiter waren bei der Montage der vorgefertigten Teile 100 Tage lang beschäftigt. August von Voit hatte generalstabsmäßige Arbeit geleistet. Der luftig-filigrane Bau spielte nach Beendigung der Industrieausstellung in Münchens kultureller Landschaft eine wichtige Rolle. Er diente als Kunsthalle, als Künstlertreff, als neuer Mittelpunkt des großbürgerlichen gesellschaftlichen Lebens. Im Jahr 1931 fiel das Gebäude einem Brandanschlag zum Opfer, ein Großfeuer vernichtete die aus Glas und Eisen gefügte zukunftsweisende Konstruktion.

Maximilians Vorliebe für die Ingenieurbaukunst zeigte sich noch in zwei anderen Projekten, die in seinen ersten Regierungsjahren entstanden. Einen kleinen Glaspalast ließ sich der Monarch für seine Residenz einfallen. Schon in seiner Kronprinzenzeit träumte Maximilian von einem Wintergarten. Lichte, helle Konstruktionen dieser Art hatten ihn in England fasziniert. Sie waren dort bereits zu Beginn des 19. Jahrhunderts groß in Mode gekommen und fanden so langsam auch auf dem Kontinent ihre Liebhaber. Der von der britischen Lebensweise stark beeinflußte Wittelsbacher ließ sich von dieser architektonischen Mode gerne anstecken und machte sich nach seinem Regierungsantritt auf die Suche nach einem geeigneten Standort.

Die Suche war nicht gerade einfach. Denn im Komplex der Münchner Residenz war nicht mehr viel zu machen. Ludwig I. hatte das Schloß der Wittelsbacher mit dem Königsbau im Süden und dem Festsaaltrakt im Norden im wesentlichen so ausgebaut, daß kaum mehr ein Spielraum für neue Projekte blieb. Doch es fand sich eine Lösung. Hofbaurat August von Voit konstruierte den königlichen Wintergarten als Verbindungsstück zwischen Nationaltheater und Residenz.

Auf einem steinernen ebenerdigen Arkardengeschoß mit fünf Rundbogen erhob sich die luftige Glaskonstruktion, in der Maximilian eine üppige Bepflanzung anlegen ließ. Springbrunnen und Wasserbassins sowie eine kleine Allee mit Orangenbäumen machten den Wintergarten zu einer vielbeachteten Attraktion. 1852, also zwei Jahre vor der Vollendung des Glaspalastes, war der Residenzbau fertig. Nach dem Ende der Monarchie in Bayern wurde er wieder abgerissen. Heute steht an der Stelle des Wintergartens das Residenztheater, dessen gläserne Fassade im Obergeschoß noch entfernt an die Formensprache des Vorgängerbaus erinnert.

Konstruktionen aus Glas und Eisen – sie haben Maximilian noch ein drittes Mal beschäftigt. Durch die Blüte der gerade entdeckten Ingenieurbaukunst wurden neue Anwendungsmöglichkeiten gesucht und auch gefunden. Zum Beispiel beim Bau von Kaufhäusern, die mit dem Beginn der industriellen Massenproduktion plötzlich aus dem Boden schossen. Das große Warenangebot, das jetzt auf den Markt kam, war nur noch bedingt in kleinen Einzelhandelsgeschäften absetzbar. Große Kaufhäuser hatten weitaus größere Lagerkapazitäten, aber auch mehr Möglichkeiten, ihr Angebot zu präsentieren. Das geschah in luftigen Galeriegeschossen, die üblicherweise von einem großen Glasdach überspannt waren. Eines dieser Beispiele ist das heutige Kaufhaus Hertie am Münchner Hauptbahnhof. Aber auch eine alte Architekturform wurde wieder entdeckt: die Markthalle.

Ein für München besonders herausragendes Beispiel ist die alte Schrannenhalle, die als eine Art überdachter Lebensmittel- und Getreidemarkt mitten in der Stadt errichtet wurde. Stadtbaurat Muffat bekam den Auftrag für die Planung und die Konstruktion dieses transparenten Gebäudes, das von 1851 bis 1853 entstand. Die wieder aus Gußeisen gefertigten Montageteile wurden bei der Münchner Firma Maffei und der Nürnberger Gießerei Cramer-Klett hergestellt.

In der Form einer dreischiffigen Basilika konzipiert, entstand das 164 Meter lange Gebäude in der Nähe des heutigen Viktualienmarktes. Das dominierende Mittelteil aus Glas und Metall wurde an beiden Kopfseiten von quergelegten gemauerten Feinbauten abgeschlossen. Einer dieser Bauten existiert heute noch und beherbergt die Münchner Freibank.

Die transportablen Montageteile des Hauptschiffs der ehemaligen Markthalle lagern heute unbeachtet in einem Straßenbahndepot. Wiederholt gab es in den letzten Jahren Überlegungen, die alte Schrannenhalle wieder aufzubauen, um sie als Kulturforum zu nutzen. Doch bisher fand sich noch kein geeigneter Standort. Für Architekturhistoriker ist die Schrannenhalle heute ein herausragendes Beispiel für ganz neue Bauideen, die mit dem Beginn des Industriezeitalters entwickelt wurden. Sie ist aber auch ein Stück Münchner Baukunst, die für die Ära Maximilians II. besonders charakteristisch ist.

Der Glaube an die Wissenschaft

Waren Maximilians Anstrengungen, aus München eine Art Hauptstadt der Literatur zu machen, nicht gerade sehr erfolgreich, so leistete der Kulturkönig auf dem Gebiet der Wissenschaft wesentlich Bedeutenderes. Wenn München heute zu einer europäischen Hochburg naturwissenschaftlicher Forschung geworden ist und auf dem Gebiet der hochqualifizierten Technologie Weltruf genießt, dann hat die entscheidenden Weichen dafür dieser Monarch gestellt. Der Physiker und Nobelpreisträger Werner Heisenberg rühmte wiederholt das vorzügliche Klima, das gerade in der zweiten Hälfte des 19. Jahrhunderts in München für eine reiche Entfaltungsmöglichkeit aller wissenschaftlichen Aktivitäten sorgte, von deren Ergebnissen und Erfolgen auch das 20. Jahrhundert stark profitiert.

Das Programm des Wittelsbachers war nicht nur ehrgeizig, was singuläre Spitzenleistungen anbelangt, er sorgte auch dafür, daß neuen Erkenntnissen zu einer möglichst großen Breitenwirkung verholfen wurde. Von einer intensiven Förderung der Forschung versprach sich der König eine Stärkung des bayerischen Staates, dem er mehr Selbstbewußtsein, aber auch mehr Einfluß in der Konkurrenzsituation der einzelnen europäischen Länder verschaffen wollte. »Sein Ehrgeiz war es, auf jeglichem Geistesgebiet anzuregen und aus dem Vollen und Ganzen heraus das Gesamtleben des Volkes zu höherer Reife emporzuführen«, urteilte der Volkskundler Wilhelm

Heinrich Riehl über die großen Anstrengungen Maximilians.

Das besondere Interesse des Königs galt der Geschichtswissenschaft, hier war er persönlich besonders engagiert, denn seit seinen Studienjahren in Göttingen und Berlin galt die Historie in seinen Augen als die Königin der Forschung. Doch im Vergleich zur preußischen Hauptstadt führte die Geschichte an der Münchner Universität ein noch ziemlich kümmerliches Dasein, das den internationalen Vergleich nicht aushielt.

Als Student hatte Maximilian den Historiker Leopold von Ranke kennengelernt, dem er große Bewunderung entgegenbrachte. Ranke war der Begründer der historisch-kritischen Schule, die geschichtliche Epochen aus ihren jeweiligen politischen und weltanschaulichen Rahmenbedingungen zu interpretieren versuchte und einen besonders großen Wert auf die penible Quellenforschung legte. ›Epochen deutscher Geschichte‹ heißt eines der Hauptwerke Leopold von Rankes, es basiert auf einem privaten Vorlesungs-Zyklus, den er für Maximilian ausarbeitete. Mit dem Münchner Geschichtsphilosophen Joseph Görres verband den Berliner Gelehrten der Glaube an ein christliches Weltbild, das für beide verbindlich war. Doch Ranke brachte durch sein methodisches Denken eine ganz neue Dimension in die Geschichtsschreibung.

Allen Bemühungen Maximilians, den angesehenen Gelehrten an die Münchner Universität zu locken, war kein Erfolg beschieden. Der Wissenschaftler, der in Berlin gleichzeitig mit Hegel lehrte, wollte die preußische Hauptstadt nicht verlassen, in deren protestantischer Tradition er sich zu Hause fühlte. Dennoch war Rankes Einfluß auf die Münchner Hochschule recht beachtlich. Im Jahr 1856 schickte er nach langen Verhandlungen seinen Schüler Heinrich von Sybel an die Isar, der in München das ›Historische Seminar‹ begründete und bei der Bayerischen Akademie der Wissenschaften die ›Historische Kommission‹ einrichtete, der Gelehrte aus ganz Europa angehörten. Leopold von Ranke war der erste Präsident dieser Vereinigung, die internationales Flair in Münchner Gelehrtenstuben brachte.

Die Beziehungen zwischen Sybel und Maximilian kühlten sich allerdings in dem Maße ab, in dem sich der Historiker von den großdeutschen Zielen des Königs entfernte, für ein neues deutsches Reich unter preußischer Führung eintrat und den Ausschluß Österreichs aus dem Staatenverband forderte. Damit stand Sybel in krassem Widerspruch zur offiziellen bayerischen Politik. Der Respekt vor Ranke verbot es Maximilian zunächst, die Konsequenzen aus diesem Dissens zu ziehen. Doch je hartnäckiger Sybel seine Thesen vom Katheder herab verfocht und damit Bayerns Lehrer-Nachwuchs beeinflußte, um so gespannter wurde das Verhältnis zum Monarchen. Im Jahr 1861 kam es zum endgültigen Bruch. Leopold von Ranke trat erneut als Vermittler auf und entsandte diesmal Wilhelm von Giesebrecht nach München, der ganz auf der Linie des bayerischen Königs lag und dessen deutschlandpolitischen Absichten nicht mehr in den Rücken fiel.

Obwohl der Rheinländer Wilhelm Heinrich Riehl einen Lehrstuhl an der Staatswissenschaftlichen Fakultät bekam, ist der vielseitig gebildete Gelehrte doch eher der Zunft der Historiker zuzurechnen. Mit der Verpflichtung Riehls an die Münchner Universität versprach sich Maximilian eine bis dahin völlig neue Art, Geschichtsforschung zu betreiben. Der Wissenschaftler, der zuvor in Darmstadt als Journalist tätig war, gilt als der eigentliche Begründer der Volkskunde.

Im Zentrum seines wissenschaftlichen Interesses standen nicht die großen, die Politik bewegenden Persönlich-

keiten. Riehl betrieb Geschichte von unten. Die Lebensbedingungen der kleinen Leute, ihre Bräuche, ihre Eigen-
arten, ihre landsmannschaftlichen Besonderheiten wurden zum ersten Mal für würdig befunden, Gegenstand
wissenschaftlicher Betrachtung zu werden. In seinem
breit angelegten Hauptwerk ›Bavaria‹, zu dem er von Maximilian angeregt wurde, legte er die erste umfassende
detaillierte Beschreibung der bayerischen Stämme und
Landschaften vor, wobei sich Wilhelm Heinrich Riehl
sein umfassendes Wissen gründlich erarbeitete: Bei aus-
gedehnten Fußwanderungen durch alle Gaue des bayerischen Königsreichs verschaffte er sich ein sehr genaues
Bild von seinem Forschungsgebiet. An einer dieser Ex-
kursionen beteiligte sich der König selbst. Zusammen mit
Wilhelm Heinrich Riehl und dem Grafen Pocci durchwanderte er die Alpenregion vom Bodensee bis Berchtesgaden.

Auf dem Gebiet der Medizin errang sich die Münchner
Universität durch die Tätigkeit Max von Pettenkofers
einen weltweit beachteten Ruf. Pettenkofers größte und
wegweisende Leistungen fanden auf dem Gebiet der Hy-
giene statt, einer Forschungsrichtung, die bis zum Auftreten dieses großen Arztes und Wissenschaftlers überhaupt keine Rolle gespielt hatte. Durch seine praktischen
Aktivitäten schaffte es Pettenkofer, der aus Neuburg an
der Donau stammte, München zum ersten Mal in seiner
Geschichte völlig seuchenfrei zu halten.

Noch zu Beginn der fünfziger Jahre des 19. Jahrhunderts hatte eine schwere Cholera-Epidemie die bayerische Hauptstadt heimgesucht, die Tausende von Todes-
opfern forderte. Auch das Königshaus blieb nicht ver-
schont. 1854 stand Ludwig I. am Sterbebett seiner Frau.
Die Ärzte konnten Königin Therese, die Mutter Maximilians, nicht mehr retten. Max von Pettenkofers rastlose
Arbeit verschonte München künftig vor ähnlichen Kata-

strophen. Dem Arzt und Wissenschaftler ist es übrigens auch zu verdanken, daß Bayerns Hauptstadt bereits in der Mitte des letzten Jahrhunderts eine bakterienfreie Trinkwasserversorgung erhielt.

Aus Darmstadt wurde ein weiterer wichtiger Forscher während der Regierungszeit Maximilians nach Bayern berufen. 1852 folgte der Begründer der organischen Chemie, Justus von Liebig, einem Ruf des Wittelsbachers und führte in München seine Wissenschaft zu international beachteten Ergebnissen. Es gehörte zu Liebigs Stärken, daß er keinerlei strenge Fachgrenzen kannte. Durch seine Arbeit brachte er auch viele Erkenntnisse in andere Forschungsbereiche ein und befruchtete die Physik, die Physiologie und vor allem auch die Biologie.

Der Historiker Eberhard Weis zieht angesichts dieser gewaltigen Anstrengungen des Königs bei der Förderung der naturwissenschaftlichen Forschung den Schluß: »Kein bayerischer Herrscher hat der Wissenschaft ein derartiges Verständnis entgegengebracht wie Maximilian II.« Und er hat mit dieser Feststellung sicher recht.

Wenn der Sohn Ludwigs I. dennoch nie so populär wurde wie sein Vater, so liegt das nicht nur an der spröden Persönlichkeitsstruktur des Monarchen, der zu seinem Volk auf Distanz ging, obwohl er es liebte. Der Mangel an Beliebtheit hat noch andere Gründe. Die großen Leistungen seines kulturpolitischen Programms waren auf Langzeitwirkung berechnet, sie hatten auf den ersten Blick nichts Spektakuläres an sich, das sofort faßbar und erkennbar war. Die Arbeiten Pettenkofers oder Liebigs wurden in ihrer wahren Bedeutung erst im 20. Jahrhundert als sensationell erkannt. Denn was diese beiden Forscherpersönlichkeiten bewirkten, blieb bis auf den heutigen Tag von Bedeutung.

Seine Strategie hatte sich Maximilian bereits in der Kronprinzenzeit zurechtgelegt. So schrieb er einige Jahre vor seiner Thronbesteigung in sein Tagebuch: »Was das Gebiet des Geistes betrifft, so will ich darauf sehen, daß alle Tore dem Geiste geöffnet werden, daß wir in der Entwicklung der Zeit nicht zurückstehen, sondern voranschreiten und so einen geachteten, verehrten Namen in Deutschland erhalten. Dann könnte Bayern im Süden von Deutschland werden, was Preußen im Norden ist, dann könnten wir an der Spitze der deutschen Staaten zweiten Ranges eine Großmacht bilden, wozu Österreich wegen seiner Fülle außerdeutscher Interessen nicht befähigt ist.«

Revolution per Eisenbahn

Als Maximilians Großvater im Jahr 1799 die Kurfürsten-
würde in München übernahm, lebten in seiner Residenzstadt 40 000 Menschen. Hundert Jahre später drängten
sich rund um den Marienplatz 500 000 Einwohner. Die ex-
plosionsartige Bevölkerungsentwicklung, die vor allem
während der Regierungszeit Maximilians II. einsetzte, ist
ein deutliches Zeichen für die zunehmende Attraktivität
Münchens, aber auch ein Symptom dafür, daß Bayern
eine revolutionäre Entwicklung durchlief. Die große
Revolution bestand weniger im Aufbegehren unzufriede-
ner Bevölkerungsgruppen, die mit der herrschenden
Machtstruktur abrechneten und 1848 die Form der kon-
stitutionellen Monarchie durchsetzten. Die große Revolution, die die Lebensbedingungen von Grund auf veränderte, bestand vielmehr in der rasanten technischen
Entwicklung. Sie setzte bei Maximilians Regierungsantritt mit ihrer ganzen Dynamik ein und gab dem Land ein
neues Gesicht.

Bayern zeigte damals einen großen Nachholbedarf,
denn es lag bis zur Jahrhundertmitte im Windschatten
der industriellen Entwicklung. Ein deutliches Nord-Süd-
Gefälle war nicht zu übersehen. Ludwig I. hatte zwar
einen kulturell hochstehenden Staat hinterlassen und
seine Residenzstadt zu einer geistigen Metropole von
Rang gemacht, doch in der technisch-wirtschaftlichen
Entwicklung war 1848 der Norden und Westen Deutschlands dem bayerischen Staat überlegen.

Vor allem Sachsen, Schlesien, Westfalen und das Rheinland hatten viel früher den Anschluß an den Standard der damals wichtigsten und bedeutendsten Industrienation Europas gefunden. Und die hieß England. Das britische Inselreich gilt als das Mutterland der technischen Revolution, die das Leben der Menschen in ganz Europa mehr veränderte als die Jahrhunderte, die zwischen der Entdeckung Amerikas im Jahr 1492 und der Erfindung der Dampfmaschine im Jahr 1769 lagen.

James Watt hieß der Mann, der diese damals sensationelle technische Neuerung auf den Markt brachte und mit ihr das industrielle Zeitalter einleitete. Watt arbeitete an der Universität Glasgow, nicht etwa als Professor, sondern als Feinmechaniker. Gleichwohl verfügte er über große naturwissenschaftliche Kenntnisse, die er sich als Autodidakt selbst angeeignet hatte. Sein wissenschaftlicher Ehrgeiz verband sich mit einem ausgeprägten technischen Verstand und einem gesunden Erwerbstrieb.

Genau diese drei Eigenschaften waren es auch, die sich das neue Zeitalter angeeignet hatte, um die Lebensbedingungen gründlich zu ändern und zu verbessern.

England, das Mutterland des Parlamentarismus, hatte die politische und geistige Grundlage für einen neuen Individualismus geschaffen. Und der hatte im ausgehenden 18. Jahrhundert ein ganz neues Ziel vor Augen: »die Emanzipation von der Natur«, wie der Historiker Ernst Schnabel dieses neue Lebensgefühl bezeichnet. Seit den Zeiten des Mittelalters hatte sich nämlich wenig geändert. Der Überlebenskampf war immer derselbe geblieben. Man war abhängig von Naturgewalten, Mißernten, Hungersnöten − und hatte keine Möglichkeiten entwickelt, sich davon unabhängig zu machen. Die Hauptenergiequelle und das wichtigste Baumaterial war das Holz, das einzige Verkehrsmittel die Pferdekutsche.

Im England des 18. Jahrhunderts war es, wo zum ersten Mal die Holzkohle durch die Steinkohle ersetzt wurde. Doch die Förderung des neuen Energieträgers war noch äußerst mühsam und kompliziert, denn in den neu eröffneten Bergwerken behinderte das Grubenwasser die Arbeit beträchtlich. Mit Pferdegespannen wurde es abtransportiert, was sehr zeitraubend war. Einer raschen Verbreitung dieser fossilen Energiequelle stand die vorsintflutliche Abbautechnik im Wege. Bis James Watt mit seiner Dampfmaschine kam. Durch sie wurde im Bergbau die rasche Massenproduktion ermöglicht, Steinkohle war kein rarer Luxus mehr, sondern ein leicht zugänglicher Rohstoff, der die Eisenbearbeitung revolutionierte. Gußeisen konnte plötzlich in großen Mengen gefertigt werden, das neue Baumaterial, widerstandsfähiger als Holz, war leicht verfügbar.

Jetzt entstand eine ganz neue Arbeitswelt. Der Industriebetrieb löste den Handwerkerbetrieb zwar noch nicht ganz ab, machte ihm aber gefährlich und äußerst erfolgreich Konkurrenz. Bedarfsgüter konnten in Serie hergestellt werden. In Manchester entstand die erste Fabrikanlage, eine Baumwollspinnerei. Aus den britischen Kolonien wurde das Rohmaterial für die aus dem Boden schießende Textilindustrie zu günstigen Konditionen eingeführt. Ein völlig neues Wirtschaftssystem verbreitete sich rasch: Der Handwerksmeister, der nur in geringen Stückzahlen produzieren konnte, bekam durch den kapitalistischen Unternehmer Konkurrenz, der sein Geld durch wesentlich billigere Massenprodukte verdiente und erworbenes Vermögen in neue Industriezweige steckte. Mit dem steigenden Absatz mehrte sich der Wohlstand nicht nur bei Unternehmern. Auch eine breite Bevölkerungsschicht wurde Nutznießer der industriellen Revolution. Es gab plötzlich so viel Arbeitsplätze wie nie zuvor.

Ernst Schnabel, der sich ausführlich mit den neuen Lebensbedingungen dieses Zeitalters beschäftigte, beschreibt die radikale Wende der wirtschaftlichen Situation so: »Aus dem gleichen Grunde der abendländischen Seele, dem die Rastlosigkeit der Forscher und Gestalter in der neueren Geschichte entstammte, ist auch der menschliche Typus des kapitalistischen Unternehmers hervorgegangen, der nun bei der wirtschaftlichen Ausbeutung der neugewonnenen technischen Kräfte sich emporbildete zu einer der markantesten historischen Erscheinungen des 19. Jahrhunderts. So schloß sich der denkwürdige Bund zwischen den beiden geschichtlichen Kräften, die zunächst nur die allgemeine Grundlage der abendländischen Seelenstimmung gemeinsam hatten – der Bund zwischen Technik und Kapitalismus.«

Es dauerte noch lange, bis Deutschland versuchte, den Anschluß an die von England ausgehende technische Revolution zu finden. Am längsten dauerte es in Bayern, das von den angelsächsischen Hochburgen moderner Produktionsmethoden und des damit verbundenen Wohlstands von allen deutschen Ländern am weitesten entfernt lag. Die Produktion mit Gußeisen, in England inzwischen längst zur Routine geworden, ließ im Königreich der Wittelsbacher noch lange auf sich warten. Der Einsatz von Kohle spielte so gut wie keine Rolle, da der Transport dieses Rohstoffs schon an den langen Wegen scheiterte und mit den herkömmlichen Pferdegespannen praktisch unmöglich war. Bayern lebte noch vom Holz und plünderte seine Wälder.

Doch in den dreißiger Jahren begann die große Wende. Zwei Ereignisse waren dafür von besonderer Bedeutung. Im Jahr 1834 wurde der Deutsche Zollverein gegründet, der den Handel zwischen den einzelnen Ländern nicht nur erleichterte, sondern auch beträchtlich ankurbelte. Waren flossen hin und her, die Bedürfnisse wuchsen.

Um den deutschen Binnenhandel zu beleben, war es un-
erläßlich, die Verkehrswege deutlich zu verbessern. Da
kam eine zweite englische Erfindung gerade recht: die
Dampfeisenbahn. Im Jahr 1830 wurde dieses die damalige Welt verändernde Verkehrsmittel zum ersten Mal eingesetzt, und zwar auf der Strecke zwischen Liverpool
und Manchester. In Anlehnung an die stark expandieren-
de englische Textilindustrie wurde die von einem Dampfzug befahrene Verkehrsachse ›Baumwollstrecke‹ genannt.

Mit der Eröffnung der ›Baumwollstrecke‹ war plötzlich
alles anders geworden. Das zunächst mit größter Skepsis
betrachtete neue Verkehrsmittel setzte sich sehr rasch in
ganz Europa durch, denn die Vorteile der Eisenbahn für
die neue industrielle Gesellschaft waren enorm. Die in
Massenproduktion hergestellten Gebrauchsgüter konnten viel schneller und sicherer als je zuvor transportiert
werden, die Märkte rückten enger zusammen, der Kon-
sum stieg. Die Zulieferung von Rohstoffen und Lebens-
mitteln, bisher ein gewaltiges Problem, konnte gesichert
werden, auch in Gebieten, die weit von Bergwerken und
Hochöfen entfernt waren.

Wenn die erste dampfbetriebene Lokomotive auch in
England entstand, so blieb es doch den Vereinigten Staaten vorbehalten, als erstes Land der Erde ein großes,
funktionsfähiges Eisenbahnnetz aufzubauen. Als in
Deutschland das Zeitalter der Postkutsche noch in voll-
ster Blüte stand, betrieben 1835 in Nordamerika bereits elf
Staaten 200 funktionsfähige Bahnlinien. Der Mann, der
bei der Konzeption des Verkehrsnetzes in den Vereinigten Staaten von Amerika die entscheidenden Weichen
stellte, war übrigens ein Deutscher. Er hieß Friedrich List.
Der Wirtschaftswissenschaftler und wortgewaltige Publi-
zist wurde in der Neuen Welt als bahnbrechender Pionier
gefeiert.

Als er in den dreißiger Jahren des 19. Jahrhunderts sein Erfolgsrezept nach Deutschland übertragen wollte, stießen seine Ideen zunächst auf viele Widerstände. Und sein großer Plan, das ganze Land mit einem durchdachten und auf die wirtschaftlichen Notwendigkeiten abgestimmten einheitlichen Eisenbahnnetz zu versorgen, scheiterte am Egoismus der vielen kleinen Staaten und den konkurrierenden Interessen privater Kapitalgesellschaften, die in der Eisenbahn eine einträgliche Zukunftsinvestition witterten.

Der erste dampfbetriebene Zug auf deutschem Boden sollte nach den Vorstellungen Lists die beiden wichtigen sächsischen Industriestädte Leipzig und Dresden verbinden. Ehe die Strecke 1839 eröffnet werden konnte, gab es allerdings enorme Schwierigkeiten zu überwinden.

Diesmal hatte Bayern die Nase vorn. Sechs Kilometer lang war die allererste deutsche Eisenbahnstrecke, die ab 1835 die Städte Nürnberg und Fürth miteinander verband. Wagemutige Kaufleute der alten Reichsstadt Nürnberg, die 1806 mit ihrer Reichsunabhängigkeit auch einen großen Teil ihrer Wirtschaftskraft eingebüßt hatte, und vermögende jüdische Bürger aus Fürth setzten auf die bahnbrechende Erfindung des neuen Verkehrssystems. Für das Königreich Bayern war damit ein Anfang gemacht, in der Dimension zwar noch bescheiden, aber in seiner Bedeutung für die kommende Entwicklung dennoch von revolutionärer Bedeutung. Gedacht war die kurze Städteverbindung als eine Art Probestrecke, »wodurch die Einträglichkeit und Tunlichkeit der Eisenbahn überhaupt ins Licht gestellt werden soll«.

Für Friedrich List, dem wohl wichtigsten Vorkämpfer für einen gemeinsamen deutschen Binnenmarkt ohne Zollschranken, war wenigstens eine Initialzündung gegeben. Er versprach sich von dem neuen Verkehrssystem eine deutliche Verbesserung der Wirtschaftskraft des ganzen Landes. Denn noch immer waren die langen und oft schwer zu bewältigenden Entfernungen ein großes Hindernis für den Warenaustausch, der in der ersten Hälfte des 19. Jahrhunderts nicht viel weiter entwickelt war als zu Hannibals Zeiten. Der Pferdewagen war das einzige Transportmittel. In der heute so verklärt erscheinenden Zeit der Postkutsche war, was oft vergessen wird, das Reisen ein höchst ungemütliches Abenteuer. Um sich für die Eisenbahn stark zu machen, verfaßte der bayerische Bergrat Joseph von Baader ein Gutachten, in dem er darauf hinwies, daß »alle Gefahren, welchen man auf gewöhnlichen Reisen mit Umwerfen des Wagens, mit dem Scheuwerden oder Durchgehen der Pferde, mit ungeschickten oder betrunkenen Postillionen, besonders zur Nachtzeit, ausgesetzt ist, bei der Bahn vollkommen vermieden werden, und dabei ist die Bewegung so sanft und angenehm, daß selbst kranke und schwächliche Personen oder kleine Kinder, sitzend, liegend oder schlafend, ganze Tagreisen ohne die geringste Ermüdung zurücklegen können.«

Natürlich hatte die Eisenbahn auch ihre Feinde, die in dieser Erfindung nur Teufelswerk sahen. Es fanden sich die Gegner des neuen Verkehrssystems gerade in den Kreisen der herrschenden deutschen Potentaten, die für ihre machtpolitischen Egoismen Gefahren heraufdämmern sahen, wenn die einzelnen deutschen Länder durch bessere Verkehrsverbindungen näher aneinanderrückten. Zu den Wortführern der aristokratischen Skeptiker gehörte beispielsweise der preußische König Friedrich Wilhelm IV., der anläßlich der Eröffnung der privat finanzierten Eisenbahnlinie Berlin – Potsdam sagte: »Diesen Karren, der durch die Welt rollt, hält kein Menschenarm mehr auf.« Er sollte recht behalten. Seine Bemerkung war jedoch keineswegs Ausdruck von Enthusiasmus, sondern von angewidertem Zorn.

Aus seiner feudalistischen Sicht lag der Preußen-König durchaus richtig. Denn das von ihm gehaßte Verkehrssystem wurde auch zum Vehikel eines immer stärker werdenden Liberalismus. Mit den Dampfzügen wurden nicht nur Menschen und Waren rascher und unkomplizierter als je zuvor transportiert, sondern auch neue Ideen. Was man in Paris dachte, war kurz darauf in München, die Kommunikation trat in ein neues Zeitalter ein. Die Schranken fielen, die den geistigen Austausch bisher erschwert hatten.

Die Einführung der Eisenbahn hatte neben der ökonomischen und geistigen Dimension aber auch eine wichtige politische Funktion. Der Wunsch nach einem deutschen Nationalstaat, der vor allem vom liberalen Bürgertum gefordert wurde und die Geschichte des 19. Jahrhunderts wie eine Art Leitmotiv durchzog, bekam jetzt auf einmal auch technische Unterstützung. Denn nicht nur die Märkte und die Produktionsstätten, auch die politischen Zentren und die verschiedenen deutschen Klein- und Mittelstaaten rückten einander näher. Der Eisenbahnbau wurde sozusagen zu einer nationalen Angelegenheit. Er half mit, der Zersplitterung des Landes in viele kleinere Machtbereiche entgegenzuwirken.

Das bayerische Königshaus stand dem Dampfzug zunächst sehr skeptisch gegenüber. Denn der damals noch regierende Ludwig I. träumte von einem ganz anderen Verkehrssystem, das den Warentransport erleichtern sollte. Der Monarch wollte das Kanalnetz ausbauen und den Rhein über den Main mit der Donau verbinden. Er gab für die erste Eisenbahn zwar seinen Namen her und ließ sie mit dem Ehrentitel ›König-Ludwig-Bahn‹ versehen, doch an eine finanzielle Förderung des sensationellen Projekts dachte er nicht im geringsten. Die Linie Nürnberg–Fürth wurde von einer privaten Kapitalgesellschaft betrieben.

An den Bau von bayerischen Lokomotiven war 1835 noch nicht zu denken, dazu war die technologische Entwicklung nicht genügend fortgeschritten. Deshalb wurde der weltbekannte ›Adler‹ in England bestellt und mit einem großen Aufwand mittels Pferdegespannen nach Nürnberg transportiert. Da in Deutschland noch niemand mit solchen Maschinen umgehen konnte, schickte die britische Herstellerfirma auch gleich das Bedienungspersonal mit. Ein Ingenieur mit Frack und Zylinder sowie zwei weitere Techniker steuerten die Lokomotive mit gelassener britischer Art über die erste Eisenbahnstrecke Deutschlands. Ganze 15 PS brachte der ›Adler‹ auf die Schienen.

Für Ludwig I., der an dieser stolzen Demonstration modernster Verkehrstechnik nicht teilnahm, war das Ereignis mehr eine Kuriosität als der Beginn eines neuen Zeitalters. Wohl aber für einen Münchner Geschäftsmann, den es nicht ruhen ließ, daß die erste Lokomotive aus dem Ausland importiert werden mußte. Er hieß Josef Anton Maffei, stammte aus Trient und war der Sohn eines wohlhabenden Tabakfabrikanten. Maffei junior machte sein gesamtes Vermögen flüssig, um das Lindauer'sche Hammer- und Walzwerk im Englischen Garten zu erwerben. Es lag an einer Stelle des großen Münchner Volksparks, an dem der Eisbach bei gutem Wasserstand besonders reißend war. Der Bach lieferte die Energie für den Maschinenpark des kleinen Unternehmens.

Sofort engagierte sich Maffei für den ihm zukunftsträchtig erscheinenden Bau von Lokomotiven. Doch ehe sich der Erfolg einstellte, mußte der wagemutige Unternehmer noch eine jahrelange Durststrecke überwinden. Um vom Wissen und der Erfahrung seiner englischen Konkurrenz zu profitieren, stellte der technische Laie den aus London stammenden Maschinenmeister Joseph Hall in München als Chefkonstrukteur ein.

Josef Anton Maffei war allerdings nicht der einzige deutsche Fabrikant, der im Bau von Lokomotiven eine gewinnträchtige Zukunftsbranche sah. Außerhalb Bayerns arbeiteten zwei Fabriken an dem gleichen Projekt. In Berlin konstruierte die Firma Borsig eine dampfbetriebene Zugmaschine, in Karlsruhe versuchte sich Emil Kessler als Pionier des neuen Transportsystems zu profilieren.

1841 ließ Maffei die erste in seinem Betrieb im Englischen Garten gebaute Lokomotive zu einer Probefahrt auf die Schienen stellen. Der Prestigeerfolg bei der Premiere war beträchtlich. ›Der Münchner‹ – so hieß die dampfschnaubende Maschine – wurde allgemein bewundert und galt als ebenso perfekt wie die Erzeugnisse der englischen Konkurrenz. Und ›Der Münchner‹ stellte zumindest einen innerdeutschen Rekord auf. Er brachte es auf die Geschwindigkeit von 70 Stundenkilometern und schlug damit die in Baden und Preußen entstandenen Lokomotiven um einiges.

Zum technischen Erfolg kam rasch der wirtschaftliche. Die ›Generalverwaltung der Königlichen Eisenbahnen‹ ernannte Maffei zum Hoflieferanten und deckte die tüchtige Münchner Firma mit Großaufträgen ein. Zum Inlandgeschäft kam der Export. Die Maffei'sche Maschinenfabrik versorgte bald halb Europa mit Dampflokomotiven, deren letzte Generation noch heute in Südafrikas Eisenbahnnetz eingesetzt wird. Am Beginn eines Weltunternehmens stand eine technische Revolution, deren Folgen die Ära Maximilians entscheidend prägte. Denn während seiner Regierungszeit wurde das bayerische Verkehrssystem, das ganz auf die Schiene setzte, zügig ausgebaut. Die Städte Hof, Nürnberg, Bamberg, Würzburg, Augsburg und München wurden durch gut funktionierende Eisenbahnlinien miteinander verbunden. Der Bahnhof der bayerischen Residenzstadt war zu einem europäischen Verkehrsknotenpunkt geworden.

Hier trafen sich die Züge, die Wien mit Paris verbanden, mit dem Fernexpreß Berlin – Rom. Die Stadt an der Isar wurde zu einem wichtigen Umschlageplatz des internationalen Handels.

Daß sich die Wittelsbacher nach anfänglichem Zögern doch entschlossen, den Ausbau des Bahnnetzes staatlich zu betreiben, hatte zwei große Vorteile, die für die Zukunft sehr wichtig werden sollten. Die Trassen der schienengebundenen Verkehrswege wurden auf einem extra dafür ausgewiesenen Gelände angelegt. Sie führten nicht an Straßen entlang, wie das in vielen norddeutschen Regionen der Fall war, was sich wegen der Unfallgefahr und wegen eines weiteren Ausbaus sehr häufig als hinderlich erwies. In fast allen anderen deutschen Ländern waren es private Gesellschaften, die Eisenbahnen betrieben. Das führte zu unterschiedlichen Spurweiten. Die staatlich geführte bayerische Eisenbahn legte sich in einer sehr frühen Phase auf die bereits damals übliche europäische Spurweite von 1435 Millimeter fest.

Der durch Maximilian stark geförderte rasche Ausbau der neuen Verkehrswege hatte eine stimulierende Wirkung auf wagemutige Unternehmerpersönlichkeiten, die neue Absatzmärkte witterten. So entstand 1857 in Augsburg die Aktiengesellschaft ›Maschinenfabrik Augsburg‹, die sich Jahrzehnte später mit der Nürnberger Firma Clett-Cramer zur ›Maschinenfabrik Augsburg Nürnberg‹ zusammenschloß. Der metallverarbeitende Konzern MAN – so die heute übliche Abkürzung – wurde zu einem Weltunternehmen.

Als die beiden Firmenzweige noch getrennt operierten, setzten beide auf die gewaltigen Möglichkeiten, die sich während der Regierungszeit Maximilians bei der Entwicklung neuer Technologien boten. Bei der von Ludwig Sander gegründeten Augsburger Maschinenfabrik entstand die erste Rotationsmaschine, die den Zeitungsdruck revolutionierte. Hier ging auch die erste Kühlmaschine nach dem ›Linde'schen Prinzip‹ in die Serienproduktion, hier wurden Turbinen angefertigt, die rasch den Weltmarkt eroberten.

Die große Eisengießerei Cramer-Klett in Nürnberg profitierte von der von Maximilian besonders geförderten Ingenieurbaukunst. Zum fabrikmäßig hergestellten Warensortiment dieser Firma gehörten Fertigteile für Markthallen, gußeiserne Treppen und Balkone, Brunnen und Kandelaber. Aber auch die ersten deutschen Eisenbahnwagen gingen hier in Serie, ebenso Konstruktionsteile zum Bau von Bahnhöfen.

Die Beispiele zeigen, daß Maximilian, der als versponnener Gelehrter galt, in der von ihm geförderten Wirtschaftspolitik sich als Mann erwies, der einen ausgeprägten Sinn für neue ökonomische Tendenzen entwickelte. Wenn Bayern in seinem Todesjahr nicht mehr ein reines Bauernland war, ist das auch ein Verdienst des Monarchen, der sich gegenüber der technischen Revolution des 19. Jahrhunderts nicht versperrte, sondern ihren stürmischen Schwung noch förderte.

König Max II.
mit seiner Gemahlin und
den beiden Söhnen Ludwig, dem späteren
König Ludwig II. (hinten), und Otto

Das bayerische Königspaar
bei der Ausfahrt in Hohenschwangau nach einem Gemälde
des Hofmalers Joseph Stieler

Das Max-II.-Monument
in München

Das schwierige Nationalgefühl

Bei Maximilians Thronbesteigung war das Königreich Bayern ganze 42 Jahre alt. Der 1806 neu geschaffene Staat war 1848 noch weit davon entfernt, ein homogenes Land zu sein. Große Schwierigkeiten bereitete der Münchner Zentralregierung der Versuch, in den schwäbischen und fränkischen Provinzen ein bayerisches Nationalgefühl zu entwickeln. Doch daran war Maximilian sehr gelegen, denn von der Geschlossenheit des eigenen Landes hing für seine außenpolitische Situation sehr viel ab.

Die Stimme des bayerischen Königs bekam beim innerdeutschen Streit um die Vormachtstellung zwischen Preußen und Österreich erst dann entscheidendes Gewicht, wenn er auf ein einheitlich geformtes Staatsgebilde verweisen konnte. Maximilian wußte das – und war besorgt. Stark waren die antibayerischen Strömungen besonders in Franken, das sich wiederholt gegen Regierungsentscheidungen in München auflehnte. In ihrem Selbstbewußtsein entschieden verletzt fühlten sich so mächtige ehemalige Reichsstädte wie Nürnberg und Augsburg, die 1806 ihre Eigenständigkeit zugunsten Bayerns verloren. Keineswegs kooperativ zeigte sich die Pfalz, die vor allem in Maximilians Deutschlandpolitik bisweilen auf harten Kollisionskurs zur offiziellen Wittelsbacher Strategie ging. Auch in Schwaben regte sich gelegentlich Widerstand.

War es für Ludwig I. noch verhältnismäßig einfach, das aus grundverschiedenen Volksstämmen bestehende

Land zusammenzuhalten, so war die Lage nach der Revolution von 1848 schon wesentlich heikler. Denn die länderübergreifende Forderung nach einer deutschen Einigung wurde vor allem in den neubayerischen Regionen besonders vehement vorgetragen. Und sie war dort oft verbunden mit dem Wunsch, aus dem bayerischen Staatsverband wieder auszubrechen.

Maximilians Position war klar. Er unterstützte die deutsche Einigungsbewegung, doch er knüpfte daran einige Bedingungen. Er strebte die großdeutsche Lösung an, die einen Verbleib Österreichs in einem neu zu gründenden Bundesstaat garantieren sollte. Er widersetzte sich energisch dem preußischen Führungsanspruch und dachte nicht daran, die Eigenständigkeit Bayerns aufzugeben. Und genau diese Punkte stießen in Franken und Schwaben auf Widerspruch. Die Protestbewegung gegen Maximilian akzeptierte lieber einen preußischen Kaiser als einen weiteren Verbleib im bayerischen Königreich.

Zu einer schweren innenpolitischen Krise kam es im Mai 1849. Bayern hatte in der Frankfurter Nationalversammlung gerade die Annahme einer Reichsverfassung abgelehnt, die den Hohenzollern-König in Berlin zum ersten Mann in Deutschland machen wollte. Die Ablehnung durch den bayerischen König löste in der linksrheinischen Pfalz helle Empörung gegen die Regierung in München aus.

Maximilian überlegte erste Zwangsmaßnahmen. In Kaiserslautern tagte eine Volksversammlung, die zum Ungehorsam gegen den König aufrief; es kam zu Aufständen. Da wollte der Wittelsbacher Militär einsetzen und ordnete die Mobilmachung für das bayerische Heer an. Doch sein Kriegsminister Le Suire weigerte sich, diesen Befehl auszuführen und berief sich dabei auf die ihm von der Verfassung garantierte Ministerverantwortlichkeit. Da entschloß sich der bayerische König zu einem sehr verhängnisvollen Schritt. Er bat den preußischen König Friedrich Wilhelm IV., dessen Großmachtpläne er kurz zuvor durchkreuzt hatte, um militärische Hilfe. Nicht ohne Schadenfreude gewährte Berlin die Bitte aus München und schickte Truppen in die Pfalz, die den Aufstand mit militärischer Gewalt niederknüppelten.

Das Ansehen Maximilians war stark angekratzt. In allen neubayerischen Regionen stand er als ein Monarch da, der zu üblen feudalistischen Praktiken zurückgekehrt war. Zur Stärkung des von dem Wittelsbacher noch vermißten gesamtbayerischen Nationalgefühls trug dieser machtpolitische Kraftakt nicht gerade bei. In Preußen hatte die Reputation des Königs ebenso stark gelitten. Dort stand er jetzt als eine Herrscherpersönlichkeit da, die vom Makel der Ohnmacht im eigenen Lande gezeichnet war.

Der König von Bayern zeigte sich in seiner ganzen Widersprüchlichkeit. Er schätzte Preußen als das Land, das für seinen Geschmack ein Geistesleben pflegte, das Bayern überlegen war. Er berief norddeutsche Wissenschaftler und Schriftsteller nach München, um den von ihm regierten Staat auf ein höheres Niveau zu führen. Er heiratete eine Hohenzollern-Prinzessin, möglicherweise weniger aus echter Zuneigung denn aus dynastischen Erwägungen. Doch auf der anderen Seite war ihm Preußen zutiefst verhaßt. Preußen war der deutsche Staat, dem gegenüber Maximilian alles unternahm, um dessen politische Aufwertung zu verhindern. Ein Habsburger an der Spitze eines neuen deutschen Staatenbundes – für Maximilian kein Problem. Doch ein Hohenzoller als deutscher Kaiser – das war für den bayerischen König eine undenkbare Vorstellung. Und dennoch alarmierte er Berlin, als er im eigenen Lande Schwierigkeiten bekam. Sich darauf einen Reim zu machen, fällt aus dem Blickwinkel dessen, der heute Geschichte betrachtet, schwer.

Es gibt nur eine Erklärung für den Hilferuf an die in München verhaßte Regierung Friedrich Wilhelms IV. Die Glaubwürdigkeit der Monarchie war wieder einmal in Frage gestellt. In solchen Situationen verließ sich ein Monarch wie Maximilian im Zweifelsfall doch lieber auf die Solidarität verwandter Dynastien als auf die Stimmung im eigenen Volk. Die feudalistischen Strukturen waren noch immer ein wirksames Mittel, um Machtpolitik durchzusetzen.

Das Zusammenspiel der Monarchen funktionierte, trotz Freiheitsbewegungen und einem nicht ohne Wohlwollen zur Kenntnis genommenen Drang der Bürger nach mehr Selbstbestimmung.

Was unternahm Maximilian, um das von ihm gewünschte bayerische Nationalgefühl zu stärken? Er forderte zunächst einmal zwei Gutachten an. Karl von Abel, der starke Innenminister in den letzten Regierungsjahren Ludwigs I. und Vertreter des ausgeprägten Konservatismus, sowie Wilhelm Doenniges, Maximilians aus Berlin stammender engster Berater, sollten sich Gedanken machen. Auftragsgemäß untersuchten sie die Stimmungslage im Königreich sehr gründlich.

Dabei kam Karl von Abel zu dem Schluß, daß es sehr gefährlich werden könnte, allen in Bayern lebenden Stämmen ein gemeinsames, die Unterschiede nivellierendes Lebensgefühl aufoktroyieren zu wollen: Für ihn gab es im Grunde nur eine Region im Königreich, auf deren Bewohner sich die Monarchie verläßlich stützen konnte, und damit war Altbayern gemeint. Karl von Abel stellte in seiner aus 18 Einzelparagraphen bestehenden Studie fest: »Der Altbayer liebt den Fremden nicht, der ihm den Platz in seines Königs Herz vertritt, der ihm nach seinen Anschauungen als verdienter Lohn für die im Laufe von Jahrhunderten stets bewährte aufopfernde Treue und Anhänglichkeit gebührt.«

Die scharfsichtige Diagnose der Lage des pragmatisch denkenden Abel, der in rauhen Regierungstagen tiefe Einblicke in die bayerische Volksseele machen konnte, stellt außerdem fest: »Das Nationalbewußtsein des Altbayern ist mit Nationalstolz gepaart: Er will seine Eigentümlichkeiten sich nicht rauben lassen und fühlt sich tief verletzt, wenn irgendeine Maßnahme die Neigung in ihm erweckt, es solle fremde, seinen Richtungen widerstrebende Bildung ihm aufgedrungen oder fremdes Licht zu einer Entfinsterung und Aufhellung grundsätzlich zur Hilfe genommen werden.«

Das war eine klare Kritik an Maximilians Versuch, durch die Berufung der ›Nordlichter‹ München zu einem neuen Zentrum der Wissenschaften zu machen. Denn mit der Besetzung wichtiger Schlüsselpositionen durch Wissenschaftler und Berater aus norddeutschen Regionen löste Maximilian den Verdacht aus, daß er sich mehr auf die Tüchtigkeit fremder Persönlichkeiten verließ und gegen die Kompetenz der bayerischen Elite des Geisteswesens erhebliche Vorbehalte hatte. Kein Wunder, daß angesichts dieser Lage der König nicht zu einem die Massen aufpeitschenden Volkstribun wurde, an dem sich neues bayerisches Nationalgefühl hätte entzünden können, was er sich doch so sehr wünschte.

Wilhelm von Doenniges, der Preuße, analysierte in königlichem Auftrag ebenfalls die Ursachen für das Fehlen eines ausgeprägten bayerischen Nationalgefühls, das für ihn besonders in den fränkischen und schwäbischen Bezirken des Landes zu wünschen übrig ließ. Der Historiker und Staatsrechtler gab den Ratschlag: »In einem Staate wie Bayern muß das Gefühl der Befriedigung, des Wohlbefindens mehr als das des Ehrgeizes erweckt werden, weil der letztere niemals ein so großes Feld der Tätigkeit als in großen Staaten erlangen kann. Jeder muß stolz darauf werden, einem Gemeinwesen anzugehören, in dem

wahre politische Freiheit, Wohlstand und geistiger Aufschwung in höherem Grade als bloß äußere Macht vor-
herrscht.«

Maximilian aber wollte noch mehr wissen und erbat
sich eine genauere Charakteristik der verschiedenen
Volksstämme, die in seinem Königreich lebten. Wilhelm
von Doenniges schwang sich zu einer Art Psychogramm
der einzelnen Regierungsbezirke auf und notierte beispielsweise über die Altbayern: Ihnen fehle es »an Beweglichkeit und leichter Erregbarkeit des Geistes. Indes-
sen ist der Bayer um so nachsichtiger, wenn er einmal
eine bestimmte Richtung gewonnen, eine bestimmte
Bahn eingeschlagen hat.«

Was den Altbayern mit Sicherheit überhaupt nicht gefallen hat, ist das Loblied, das Wilhelm von Doenniges
auf die Franken gesungen hat: »Am ausgezeichnetsten in
Eigenschaften und Leistungen ist wohl der fränkische
Stamm.« Ihm wird ›geistige Regsamkeit‹ bestätigt. Verhältnismäßig schlecht kommen Schwaben und Pfälzer
weg. Ihnen wird zwar ebenfalls geistige Aufgeschlossen-
heit bestätigt, doch im Vergleich zu den Franken sind sie
in den Augen des königlichen Beraters weniger ausdau-
ernd in ihrer Leistung. Die Pfälzer müssen sich außerdem
den Vorwurf der Oberflächlichkeit gefallen lassen.

Welche Schlüsse zog Maximilian aus diesen Analysen
seiner Berater? Was unternahm er, um bayerisches Nationalbewußtsein zu stärken? Er hielt hartnäckig an seinem
Programm fest, aus Bayern einen fortschrittlichen Staat
zu machen. Denn er war davon überzeugt, daß technische und wissenschaftliche Erfolge mehr zur Steigerung
des nationalen Selbstbewußtseins beitragen als machtpolitische Kraftakte.

Maximilian verstärkte die Förderung der Universitäten,
modernisierte das Schulwesen und steckte aus seiner Privatschatulle beachtliche Mittel in soziale Projekte. Durch

den zügigen Ausbau des Eisenbahnnetzes bekämpfte er die Arbeitslosigkeit und rückte mit einer Verbesserung des Verkehrssystems die einzelnen Regionen des Landes enger aneinander. Er gründete den ›Zentralverein des Königs für wohltätige Zwecke‹, richtete ›Kosttische und Suppenanstalten‹ ein und gründete ›Spar- und Hilfskassen‹. Insbesondere von seinem sozialen Engagement versprach sich Maximilian eine stärkere Identifizierung breiter Volksschichten mit der bayerischen Krone.

Gleichzeitig förderte der König die Pflege des bayerischen Brauchtums. Er erwog eine völlige Umkrempelung des Münchner Oktoberfestes, das er sich als eine Großveranstaltung vorstellte, die den unterentwickelten Nationalstolz heben sollte. Alle lokalen kleineren Volksfeste besaßen das ausgesprochene Wohlwollen des Monarchen, dienten sie doch in seinen Augen der Förderung bayerischen Zusammengehörigkeitsgefühls. Maximilian regte die Sammlung alpenländischer Sagen an und unterstützte finanziell und ideell die Herausgabe eines bayerischen Wörterbuchs. Maximilian trug selbst Trachtenanzüge, um sich zur Tradition seines Volkes zu bekennen. Er durchwanderte sein Land und gab sich am Wirtshaustisch leutselig. Er ging gerne Bergsteigen und schätzte das einfache Leben seiner bescheiden lebenden Untertanen.

Doch trotz all dieser Anstrengungen tat sich Maximilian schwer, seinen Traum von einem volkstümlichen Monarchen zu realisieren. Obwohl er in München geboren wurde und in Bayern aufwuchs, sprach der Wittelsbacher nie die Sprache seiner Landsleute. Wenn er redete – und das tat er meist hastig –, war sein norddeutscher Akzent nie zu überhören. Maximilian bewegte sich zwar weltmännisch-perfekt auf dem diplomatischen und höfischen Parkett, doch bei volkstümlichen Veranstaltungen wirkte er verkrampft, spröde und abweisend.

Deshalb tat er sich auch schwer, das von ihm geförderte bayerische Nationalgefühl emotional anzuheizen. Zu kopflastig war sein Programm, zu erkennbar auf rein pragmatische Ziele ausgerichtet, um eine Volksbewegung auslösen zu können.

Letztendlich empfand ein großer Teil der Bevölkerung den noblen und hochgebildeten Wittelsbacher als einen ganz und gar unbayerischen preußischen Protestanten, der die Wissenschaft liebte und sich das Volk lieber auf Distanz hielt. Damit stand er im Widerspruch zu den Feststellungen seines Beraters Karl von Abel, der die Rolle eines bayerischen Monarchen in der Vergangenheit so sah: »In keinem anderen deutschen Lande ist das Verhältnis zwischen dem König und seinem Volke ein so ganz patriarchalisches zu allen Zeiten gewesen wie in Altbayern: Der König war nicht bloß Herrscher, er war zugleich Vater – die Untertanen waren zugleich seine Kinder.« Diesem sicher stark idealisierten Bild entsprach Maximilian möglicherweise als Institution, nicht aber als Mensch.

Der Konflikt um Schleswig-Holstein

Österreich oder Preußen? Wer soll die Vorherrschaft im Deutschen Bund erhalten, welcher dieser beiden Staaten setzt sich bei der nationalen Einigungsbewegung durch? Die Fragen drängten gegen Ende der fünfziger Jahre des 19. Jahrhunderts einer Entscheidung entgegen.

Österreich besaß zwar noch offiziell die Präsidialmacht im lockeren Zusammenschluß der 35 größeren und kleineren Fürstentümer, doch Preußens Anspruch auf die führende Rolle des Staatenverbunds wurde immer vehementer. Maximilian fühlte sich erneut herausgefordert, für einen Ausgleich zu kämpfen. Für ihn war klar, daß ein deutscher Nationalstaat ohne Österreich undenkbar ist. Er wollte aber auch keine Allianz gegen Preußen schließen. Also forcierte er wieder seine Trias-Idee und mobilisierte die Mittelstaaten, um eine militärische Konfrontation zwischen den beiden Großmächten zu verhindern. Und er kämpfte dafür, dem ›dritten Deutschland‹ unter Führung Bayerns ein Mitspracherecht bei nationalen Entscheidungen zu sichern.

Die Zeit drängte, die Konferenzen jagten sich. Im Frühjahr 1859 in München wie im Herbst desselben Jahres in Frankfurt rangen die Mittelstaaten um das Überleben des Deutschen Bundes, denn nur diese Institution konnte verhindern, daß die Interessen der kleineren Länder den Großmachtbestrebungen Preußens oder Österreichs geopfert wurden. Intensiv bemühten sich Ludwig von der Pfordten, Maximilians wichtigster Unterhändler, und

Ferdinand Graf von Beust, der sächsische Außenminister, um eine Reform des Bundes. Er sollte endlich exekutive und legislative Kompetenzen erhalten. Bei den Konferenzen wurde beispielsweise ein gemeinsames Patentrecht für ganz Deutschland beraten, das für die jetzt mächtig einsetzende Industrialisierung eine enorme Bedeutung besaß. Auch wurde der Versuch unternommen, sich auf eine einheitliche Ordnung bei Maßen und Gewichten zu verständigen. Die Gesetzgebung sollte auf eine gemeinsame Basis gestellt werden.

Doch die Konferenzen verliefen ergebnislos. Österreich und Hannover unterstützten die Initiativen Bayerns und der übrigen deutschen Mittelstaaten nicht im geringsten, und Preußen blockte von vornherein ab. Der Deutsche Bund war für Bismarck eine ebenso ohnmächtige wie unfähige Organisation. Natürlich lag es auch keineswegs in Preußens Interesse, die Anstrengungen der Mittelstaaten zu unterstützen. Die Berliner Strategie verfolgte völlig andere Ziele.

Schon um Österreich und die übrigen deutschen Länder zu brüskieren, schloß Preußen 1862 mit dem Frankreich Napoleons III. einen Handelsvertrag, der bestehende wirtschaftliche Vereinbarungen mit der Wiener Regierung gegenstandslos machte. Daß sich die süddeutschen Länder, allen voran Bayern, durch diesen Schritt Bismarcks verraten vorkommen mußten, lag auf der Hand. Doch den wütenden Aufschrei der Mittelstaaten nahm Berlin nur achselzuckend zur Kenntnis. Die Lage auf dem deutschsprachigen Territorium spitzte sich dadurch immer mehr zu.

Wieder versuchte Maximilian die Situation zu entspannen und die Position der Mittelstaaten zu stärken. Im Deutschen Bund brachte er den Antrag für ein Rechtsschutzgutachten ein, das die Kompetenzen dieser Institution ein für allemal klären sollte.

Bismarck war entrüstet und drohte den deutschen Mittelstaaten mit einem Militärpakt mit Frankreich. Wie wenig Preußen an einer Existenz des deutschen Staatenbundes lag, erklärte Berlins erster Minister dem Österreichischen Gesandten Guido Graf von Thun ganz unverblümt. Für eine deutsche Nation, die nach den Vorstellungen des Bundes entstehen könnte, ging Berlin jegliches Interesse ab. Mehr noch, Preußen ließ erkennen, daß es keinerlei Sinn mehr in derartigen Plänen sah. Einem völlig schockierten Grafen Thun eröffnete Bismarck, ein Krieg gegen Bayern oder Hannover wäre nichts anderes als eine militärische Auseinandersetzung mit einer ausländischen Macht.

Aus Münchner Sicht war die Lage total verfahren. Dem im August 1863 einberufenen Fürstentag in Frankfurt, an dem der österreichische Kaiser Franz Joseph die Eröffnungsrede hielt, blieb Preußen ostentativ fern. Thema der Konferenz war wieder die Reform des Deutschen Bundes. Maximilian, der persönlich an dem Treffen teilnahm, hielt eine vielbeachtete Rede, in der er seine bekannten Positionen noch einmal zusammenfaßte und leidenschaftlich für einen Erhalt des binnendeutschen Gleichgewichts kämpfte.

Für seine tapfere Haltung gegenüber den Großmächten Preußen und Österreich bereitete ihm die Münchner Bevölkerung bei seiner Rückkehr aus Frankfurt einen begeisterten Empfang. Zehntausende waren auf den Straßen, die Häuser wurden mit Blumen und Flaggen geschmückt. 6000 Fackeln erleuchteten den Abendhimmel. Die Bayern fühlten sich in ihrem Anspruch auf Unabhängigkeit durch ihren König mutig vertreten.

Die Beziehungen zu Preußen waren zum damaligen Zeitpunkt allerdings eingefroren. Der Handelsvertrag, den Berlin mit der Pariser Regierung geschlossen hatte, belastete das Verhältnis nachhaltig. Maximilian bezeichnete die Vereinbarung als ›Teufelsvertrag‹, sein außenpolitischer Chefberater Ludwig von der Pfordten sprach von einem unverzeihlichen Angriff auf die Interessen der deutschen Einheitsbewegung. Bayern forderte deshalb folgerichtig die Aufnahme Österreichs in den deutschen Zollverein, was das Klima noch eisiger machte.

Inzwischen bahnte sich im Norden Deutschlands eine schwere Krise an, die schließlich zum Scheitern der politischen Vorstellungen Maximilians führte und das weitere Schicksal Deutschlands besiegelte. Seit dem Ende des Wiener Kongresses im Jahr 1815, bei dem nach dem Zusammenbruch des napoleonischen Systems Europa neu geordnet wurde, versuchte der Deutsche Bund einen föderalistisch organisierten Nationalstaat aufzubauen. Diese Bemühungen scheiterten mit dem Ausbruch des Konflikts um Schleswig-Holstein endgültig. Zur persönlichen Tragödie wurde diese deutsch-deutsche Auseinandersetzung für Bayerns König. Er verfocht zwar geradlinig das von ihm für richtig erkannte politische Programm, doch er mußte erleben, daß es gegen den massiven Widerstand der Großmächte Österreich und Preußen nicht mehr durchsetzbar war. Beim allerletzten Versuch, zu retten, was noch zu retten war, verließen den Monarchen die Kräfte. Er starb nach qualvollen Verhandlungen.

Die Elbherzogtümer Schleswig und Holstein waren für Dänemark bereits seit Jahrhunderten eine Herausforderung. Wiederholt hatten seine Herrscher versucht, ihr Einflußgebiet nach Süden zu erweitern, was zu häufigen Konflikten führte. Bei einer internationalen Konferenz in London sollte das Problem 1852 endgültig gelöst werden. In dem Schlußprotokoll wurde festgehalten, was im wesentlichen bereits zu den Beschlüssen des Wiener Kongresses gehört hatte: Holstein galt als Vollmitglied des Deutschen Bundes, Schleswig war territorial unabhängig.

Seit dem Jahr 1460 existierte aber eine Vereinbarung zwischen beiden Ländern, daß sie ›für ewig ungeteilt‹ bleiben wollen. Ständige Versuche Dänemarks, sich zumindest Schleswig einzuverleiben, führten zu dauernden Spannungen. Der Konflikt brach zu Beginn des Jahres 1863 wieder voll aus.

Der dänische König Christian IX. aus dem Hause Glücksburg berief sich auf seine Auslegung der Erbfolge und meldete territoriale Ansprüche auf ganz Schleswig und Teile von Holstein an. Das widersprach der Rechtsauffassung des Deutschen Bundes vollkommen. Vor allem die Mittelstaaten betrachteten den Erbprinzen Friedrich von Augustenburg als den legitimen Herrscher in den Elbherzogtümern. Nachdem sich die Krise 1863 dramatisch zugespitzt hatte, besetzten sächsische und hannoveranische Truppen im Auftrag der Mittelstaaten Holstein, um eine Intervention Dänemarks zu verhindern.

In ganz Deutschland wurden die Auseinandersetzungen um Schleswig-Holstein mit größter Anteilnahme verfolgt. Besonders in Bayern, das selbst um seine Unabhängigkeit besorgt war, bekam die Krise in Norddeutschland in der öffentlichen Meinung gewaltige Dimensionen. Es ging schließlich um eine deutsche Schicksalsfrage. Und die läßt sich auf den knappen Nenner bringen: Wenn es dem Deutschen Bund nicht gelingt, in diesem Fall nationale Ansprüche durchzusetzen, ist die Zukunft aller Einheitsbemühungen verspielt.

Beklommen machte die Mittelstaaten die Haltung Österreichs und Preußens während der Auseinandersetzungen. Die beiden großen Länder hielten sich zunächst nämlich sehr zurück und sahen keinerlei Veranlassung, gegen Dänemark Front zu machen. Zum leidenschaftlichsten Kämpfer für die Sache Schleswig-Holsteins machte sich Maximilian, der sich allerdings ziemlich allein gelassen fühlte. Die Regierung von Wien störte sich

am Engagement Bayerns für die Erbansprüche der Augu-
stenburger. Neue Mißhelligkeiten mit Österreich und
Preußen brachte ein mit dem bayerischen König abge-
sprochener Alleingang Ludwig von der Pfordtens, der
beim Deutschen Bund ein neues Rechtsgutachten in Auftrag gab. Es sollte die legitime Erbfolge in den Elbherzogtümern endgültig klären.

Das Fortbestehen des Deutschen Bundes war jetzt nur
noch eine Frage der Zeit, zu retten war er nicht mehr.
Österreich versuchte Maximilian in seinen diplomatischen Aktivitäten zugunsten Schleswig-Holsteins zu
bremsen. Am 3. März 1864 schickte der Wiener Kaiser
Erzherzog Albrecht als Unterhändler nach München, um
den bayerischen König von seinem Kurs abzubringen.
Doch Maximilian gab nicht nach. Er fühlte das Recht und
die Zustimmung breiter Bevölkerungsschichten hinter
sich. Es kam zu harten Verhandlungen. Am 10. März
brach der bayerische König zusammen, ein Gehirnschlag
hatte den bereits schwer kranken Monarchen gelähmt.
Wenige Stunden später war Maximilian tot.

Der Konflikt im Norden Deutschlands wurde noch im
Todesjahr des Königs gelöst, jedoch völlig anders, als er
es sich vorgestellt hatte. Österreichische und preußische
Truppen besetzten die Elbherzogtümer. Zusammen
schlugen sie Dänemark. Die Beschlüsse von Bad Gastein
sahen nach dem Ende des Krieges vor, daß Schleswig-
Holstein gemeinsam verwaltet würde – von Berlin und
Wien aus.

Der nächste Konflikt bahnte sich damit an, der 1866 in
dem verhängnisvollen Schlagabtausch zwischen Österreich und Preußen endete. Bismarcks Militärmacht siegte
über die Habsburger Verbände. Die von Maximilian er-
träumte großdeutsche Lösung war für immer gestorben.
Fünf Jahre später wurde das Rumpfdeutschland von Berlin aus regiert. Der Deutsche Bund war endgültig tot.

Leopold von Ranke sinnierte Jahre später über diese Entwicklung so: »Wieviel hängt doch vom Leben eines einzigen Mannes ab! Ich bin überzeugt, wäre König Maximilian im Jahre 1866 am Leben gewesen, so würde alles anders gekommen sein.«

Der Wittelsbacher Monarch hatte mit aller Kraft gegen die von ihm befürchtete Konfrontation zwischen Österreich und Preußen gekämpft, weil er deren Folgen als deutsche Katastrophe empfand. Sein Außenminister Ludwig von der Pfordten schrieb bereits 1856 die prophetischen Sätze: »Was uns not tut, ist eine Einigung zwischen Österreich und Preußen. Gelingt diese, so wird der Deutsche Bund Europa beherrschen. Gelingt dies nicht, so wird er sich auflösen und Deutschland nur noch ein geographischer Begriff sein.«

Der frühe Tod

»Vater, diesmal komme ich ohne Max.« Königin Marie mußte alle Kraft zusammennehmen, als sie Ludwig I. zum ersten Mal nach dem Tod ihres Mannes begegnete und diese Worte sprach.

Der Monarch im Ruhestand war während der letzten Lebenstage seines Sohnes nicht in München; der inzwischen 78jährige hatte wegen einer schweren Erkältung auf Anraten seiner Ärzte den Winter in Algier verbracht. Dort erreichte ihn auch die traurige Nachricht aus München bei einem Gewitter, das sich gerade entlud. Der greise Wittelsbacher hielt es für angebracht, sofort nach Bayern zurückzureisen. Zur Beisetzung kam er allerdings zu spät.

Es war in den Nachmittagsstunden des 9. März 1864, als sich Maximilian nach langen unerquicklichen Gesprächen mit dem österreichischen Erzherzog Albrecht über die schleswig-holsteinische Frage unwohl fühlte und kurz danach zusammenbrach. Der König, der zeitlebens unter schweren Kopfschmerzen gelitten hat, war wegen der Krise in Norddeutschland aus Italien zurückgerufen worden, wo er Linderung von seinem Leiden erhofft hatte. Leichte Besserung hatte sich in dem milden Klima gerade eingestellt, als ihn die Zuspitzung der innerdeutschen politischen Situation zur Heimreise zwang.

Die gesundheitliche Verfassung des Monarchen verschlechterte sich im Laufe der Nacht rapide. In München hatte sich rasch herumgesprochen, daß der König im

Sterben liege. Die Nachricht kam für alle überraschend. Zwar war bekannt, daß Maximilian immer kränkelte und sich häufig unwohl fühlte, doch wie ernst es um seinen Gesundheitszustand wirklich stand, war nur ihm allein bekannt – und er sprach mit niemandem darüber. Selbst seine Ärzte wußten nicht genau Bescheid.

Viel wurde gerätselt über die Ursachen seiner Krankheit. Manche schoben die ständigen Kopfschmerzen auf seine anhaltende psychische Belastung. Andere spekulierten über eine schwere Infektion, die Maximilian während seiner Kronprinzen-Jahre befallen hatte, hielten auch die Folgen einer nicht ausgeheilten Geschlechtskrankheit für möglich. Adalbert Prinz von Bayern, später Nachfahr Maximilians, schließt nicht aus, daß der König jahrelang an einem nicht erkannten Gehirntumor litt.

In seinem Sektionsprotokoll hielt Maximilians Leibarzt Dr. von Gietl fest: »Im Jahr 1835 erlitt Seine Majestät einen heftigen Anfall von Kopfschmerz. Diese Kopfschmerzen, von denen wohl schon in den Knabenjahren Andeutungen aufgetreten sind, dauerten von dem genannten Zeitpunkt unter den verschiedensten Pausen und Schwankungen 29 Jahre lang bis zu seinem Tode. Seine Majestät war von Kindheit an mit Ausnahme einiger Jahre im Jünglingsalter nie recht gesund und mußte im Verlauf seines Lebens große Gefahren für seine Gesundheit bestehen. In verschiedenen Perioden des Lebens konnte man nicht hoffen, daß dieses kostbare Leben bis in die fünfziger Jahre dauern würde.«

In der Nacht zum 10. März wurde die Menschenmenge vor der Residenz immer größer. Stumm standen die Münchner auf dem Max-Joseph-Platz und warteten auf Nachrichten aus den königlichen Gemächern. Dort war inzwischen der gesamte Hofstaat versammelt. Die allgemeine Aufregung muß groß gewesen sein. Weinende Bedienstete, verzweifelte Familienmitglieder, aufgeschreckte Diplomaten drängten sich im Wohntrakt der Residenz. »Der Sterbende war von allen der einzig Gefaßte«, beobachtete ein zeitgenössischer Augenzeuge.

Um 11.45 Uhr kam Graf Moy, Maximilians jahrelanger Ordonnanzoffizier und Gesprächspartner bei Spaziergängen durch den Englischen Garten, aus dem Sterbezimmer und teilte kurz mit: »Der gute König ist verschieden.« Noch ehe das höfische Zeremoniell einsetzte, legte ganz München spontan Staatstrauer ein. Unaufgefordert machten alle Läden zu, Handwerker legten ihre Arbeit nieder, die Schulen schlossen, schwarze Fahnen wurden aufgezogen. Ein Herold des Hofes ritt durch die Straßen und verkündete bei kurzem Trommelwirbel die Todesnachricht, gab aber gleichzeitig bekannt: Ludwig II. heißt der neue König Bayerns, der älteste Sohn Maximilians, gerade 18 Jahre alt. Eine Woche vor seinem raschen Sterben hatte der Monarch die von ihm geschätzten Dichter und Wissenschaftler noch zu einem letzten Symposium gebeten.

Die amtliche ›Bayerische Zeitung‹ verbreitete folgende Würdigung. »Nur kurz ist die Regentenzeit gewesen, aber in ihrem kurzen Verlaufe wurde eine solche Fülle von Tätigkeiten entwickelt, wurde so tief eingegriffen in alle Einrichtungen und Verhältnisse des bayerischen Staates, so viel Altes umgebaut, so viel Neues geschaffen, daß die sechzehnjährige Regierungszeit König Max II. manche zwei- und dreifach längere Periode an segensreichen Früchten weit übertrifft, und wohl nicht mit Unrecht für alle Zeit die Reformperiode Bayerns genannt wird.«

Populär wurde Maximilian während seiner Regierungsjahre allerdings nie. Auch wenn er das Volk liebte, er entwickelte kein herzliches Verhältnis zu seinen Bayern. Dazu lebte der König zu zurückgezogen, war er zu kontaktscheu und absolut unfähig zu mitreißenden Gesten. Deshalb erfuhr er auch zu Lebzeiten kaum Zeichen der Bewunderung.

Was änderte sich mit der Stunde des Todes? Maximilians noble Persönlichkeit, seine Anstrengungen für den Staat, die oft über seine Kräfte gingen, wurden plötzlich ganz anders eingeschätzt. Luise von Kobell erinnert sich: »Hohe und Niedrige vergossen Tränen. Als wir in unserer Familie von dem Trauerfall sprachen, weinte mein Vater so heftig, daß ich, die ihn nie weinen gesehen, ergriffen davon zu schluchzen begann, teils um den König, teils um meinen Vater, der mit ganzer Seele an dem Monarchen hing.«

Maximilian wurde in dem Gewand des Hubertus-Ordens in dem Marmor-Sarkophag aufgebahrt, der jahrelang im Sanctuarium der Münchner Residenz stand, wo der König seine Meditationen hielt. Schleswig-Holstein hatte einen Kranz aus Zypressen, Efeu und Eichenlaub geschickt – als letzten Gruß des ›verlassenen Bruderstamms‹. Die Stadtchronik vermerkt: »Es strömten Tausende von Menschen vom frühen Morgen bis zum späten Abend – von sechs Uhr morgens bis zehn Uhr nachts – zur sterblichen Hülle des Königs. Leider war aber der Raum in der alten Kapelle so beschränkt, daß Hunderte nach mehrstündigem Warten wieder abziehen mußten, ohne das mindeste von Seiner Majestät gesehen zu haben.«

Mit dem Pompe funèbre, der offiziellen Beisetzung Maximilians in der Münchner Theatiner Kirche, setzte eine sechsmonatige Hoftrauer ein. Stiftsprobst Ignaz von Döllinger hielt am 14. März die Grabrede: »Die sechzehn Jahre, die wir unter dem milden und gerechten Szepter Maximilians II. verlebt haben, sind gesegnete Jahre, sind Jahre des Friedens nach innen und außen, des wachsenden Wohlstands und eines steten Fortschreitens in der Ausbildung unserer Einrichtungen gewesen.«

Die Zahl der Nachrufe und Würdigungen ist unübersehbar. Die europäische Presse feierte Maximilian einhellig, mit einer Ausnahme allerdings. Die Berliner Zeitungen vermeldeten den Tod des bayerischen Königs nur in knappen, kommentarlosen Beiträgen. Tief getroffen von dem frühen Tod des bayerischen Königs war der Historiker Leopold von Ranke. Er schrieb an Königin Marie: »Es wird eine Lücke in meinem Leben sein, ihn zu entbehren. In Wahrheit, ich wäre untröstlich, wenn ich nicht hoffte, ihn dort wieder zu sehen, wo die ewigen Anschauungen allem Zweifel ein Ende machen.«

Nach altem Wittelsbacher Brauch wurde das Herz des toten Königs nach Altötting verbracht. Eine sechsspännige Karosse fuhr die silberne Urne in den Wallfahrtsort, in dem auch die Herzen von Maximilians Vorgängern auf dem bayerischen Thron bestattet sind. Die Urne trug die Inschrift: »Gott und mein Volk.« Mozarts Requiem, das der König besonders liebte, wurde beim Trauerakt gespielt.

Die letzte Fahrt durch Bayern wurde zu einem stillen Triumphzug für den milden König. Alle Dörfer, durch die der Trauerkondukt zog, ehrten mit spontanen Kundgebungen Maximilian. Schwarze Fahnen säumten den Weg, die Kirchenglocken läuteten. Altbayern begann, Maximilian zu lieben.

Königin Marie war erst 39 Jahre alt, als sie Witwe wurde. Sie lebte noch 25 Jahre, zurückgezogen, immer einsamer werdend. Mit ihren Söhnen hatte sie große Probleme. Ludwig II., der direkte Nachfolger Maximilians, ernannte Marie zwar offiziell zur ›Königinmutter‹ und behandelte sie in den ersten Regierungsjahren als First Lady des Landes. Doch dann kühlte sich das Verhältnis merklich ab, die Beziehungen wurden sogar eisig. Marie hatte wenig Verständnis für die phantastische Traumwelt, in die der ›Märchenkönig‹ vor dem Hof und den Staatsgeschäften floh. Und Ludwig nannte seine Mutter bald nur noch ›die Preußin‹ oder – noch unterkühlter – ›die Frau meines Vorgängers‹.

Marie erlebte den bis heute rätselumwitterten frühen Tod Ludwigs und konnte es nicht verwinden, daß ihr zweiter Sohn Otto als Geisteskranker ohne jede Hoffnung auf Heilung im Schloß Fürstenried bei München in totale Apathie verfiel und vor sich hinsiechte.

Erst kurz vor Ludwigs tragischem Ende gab es eine Art Annäherung zwischen ihm und der Königin, die ihre Witwenjahre vorwiegend auf Schloß Hohenschwangau und ihrer Lechtaler Villa in Elbigenalt verbrachte. Einmal lud der bauwütige Monarch seine Mutter auf Schloß Neuschwanstein ein und zeigte ihr seine Traumresidenz. Als Marie von den hohen Schulden ihres Sohnes erfuhr, bot sie ihm ihren gesamten Schmuck, der Millionen wert war, zur Begleichung aller Verbindlichkeiten an. Doch Ludwig, der von dieser Geste gerührt war, lehnte ab und schrieb ihr den ersten zärtlichen Brief.

Gegen Ende ihres Lebens suchte die Witwe Maximilians Trost in der Religion. Die Protestantin aus Berlin konvertierte zum katholischen Glauben – in der Meinung, daß sie damit ihrem verstorbenen Mann zumindest geistig näher kommen könne. Die Konversion führte zu einer tiefen Verstimmung mit ihrem preußischen Vetter, dem nachmaligen Kaiser Wilhelm I., der sie 1842 in der preußischen Hauptstadt in Vertretung des katholischen Bräutigams zur protestantischen Trauung geführt hatte. Kaltschnäuzig verurteilte Wilhelm den Religionswechsel seiner Cousine und gab zu verstehen, daß ein Besuch der bayerischen Königin in ihrer preußischen Heimat ›vorläufig nicht wünschenswert‹ sei.

Zu einer späteren Reise in das Land ihrer Jugendjahre kam es nicht mehr. 1889 starb Marie in ihrem geliebten Hohenschwangau. Sie war 64 Jahre alt geworden.

Bis zuletzt las sie immer wieder im Testament, das Maximilian hinterlassen hatte. Das begann mit den Worten: »Ich sage allen, die mir Liebe und Treue bewiesen haben, meinen innigsten wärmsten Dank; ich vergebe von Grund meiner Seele allen denjenigen, bei welchen dies nicht der Fall war, die mich wissentlich oder unwissentlich gekränkt. Mögen aber auch Alle die vergeben, die sich über mich zu beklagen haben, ich bitte sie von Herzen um Verzeihung.«

Maximilian – der Fremde

Sein Herz schlug für sein Volk, doch die Herztöne behielt er ihm vor. Maximilian II. war es nicht gelungen, während seiner sechzehnjährigen Regierungszeit auch nur annähernd so viel Popularität zu gewinnen wie sein Vater Ludwig I. und sein Sohn Ludwig II. Dem Professor auf dem Königsthron wurde Verehrung entgegengebracht, er war hoch geachtet und bisweilen sogar bewundert – doch geliebt wurde er nie. Seine spröde Art, auf Menschen zuzugehen, sein Hang zum Belehrenden, sein oft unbeholfenes und linkisches Auftreten in der Öffentlichkeit waren nicht die geeigneten Mittel, um Begeisterungsstürme auszulösen. »Ich liebe mein Volk, aber in gehöriger Distanz«, sagte der zur Leutseligkeit unfähige Monarch einmal und charakterisierte sich damit selbst am allerbesten. Hochmut und Arroganz wurde ihm unterstellt, was sicher ungerecht ist, denn diese Eigenschaften hätten seiner Bescheidenheit völlig widersprochen.

Ein König für die Bürger seines Landes – das wäre er am liebsten gewesen. Als Maximilian einmal von einem Münchner Konditormeister eine kleine Skulptur geschenkt bekam, die den Monarchen in bürgerlicher Kleidung zeigte, schrieb er in seinem Dankesbrief: »Sie haben mich dargestellt, wie ich es wünsche. Sie haben mich als Bürgerkönig dargestellt, und nur dieses, nur ein Bürgerkönig will ich sein.« Seine Zurückhaltung bei der Demonstration monarchischer Macht, seine gelegentlich schüchtern wirkenden Gesten, seine trockenen Reden wurden

Maximilian nicht selten als Zeichen der Schwäche ausgelegt. »Jeder Zoll kein König«, spottete der Berliner Historiker Johann Gustav Droysen über den bayerischen Monarchen, der es immer schwer hatte, sich auf dem glatten Parkett des höfischen Zeremoniells zu bewegen.

Wie anders war dagegen sein Vater, der die Regierungsjahre seines Sohnes aus der Distanz betrachtete. Ludwig I. hat niemals von sich behauptet, daß er sein Volk liebte – und dennoch wurde er vom Volk geliebt. Er, der mit eiserner Hand herrschte und mit seiner hochfahrenden, schroffen Art sehr oft Menschen verletzte, war so beliebt wie selten ein Wittelsbacher auf dem bayerischen Thron. Seine Begeisterungsfähigkeit, seine Spontaneität und schlagfertige Direktheit wirkten ansteckend. Ludwig I. besaß Ausstrahlung. Maximilian, der noblere und gebildetere, besaß sie nicht. Der reine Kopfmensch verbreitete Theorien und Ideologien, aber keine Gefühle. Wobei es völlig falsch wäre, dem einsamen Monarchen innerliche Kälte zu unterstellen. Er engagierte sich für sozial Schwache, für unterbezahlte Volksschullehrer, für die bei seinem Regierungsantritt weitgehend rechtlose Arbeiterschaft, er spendete aus seinen Privatmitteln Riesensummen für wohltätige Zwecke. Und dennoch blieb er seinen Untertanen ein Fremder.

Es gehört zu den großen Ungerechtigkeiten der Geschichte, daß Maximilian II. und seine Leistungen für Staat und Volk in ihrem tatsächlichen Wert nur ganz selten erkannt wurden. Dabei war er für seine Zeit einer der fortschrittlichsten und tolerantesten deutschen Fürsten. Er gab im Revolutionsjahr 1848 den Weg für eine bayerische Verfassung frei, die für die liberalen Kräfte des Landes Maßstäbe setzte. Er schaffte die Zeitungszensur ab und stellte das Wahlrecht auf gerechtere Fundamente, er machte der Willkürjustiz ein Ende und verhalf den Bauern zu mehr Rechten. Maximilian entwickelte ein bei-

spielhaftes Sozialprogramm und baute seine Residenzstadt zu einer wichtigen Metropole für Wissenschaft und
Technik aus. Denn darin sah er die einmalige Chance,
Bayern zu einem modernen Staatsgebilde zu machen,
das sich in der Konkurrenz zu anderen deutschen Ländern eine Führungsrolle sichern konnte.

Maximilian holte Forscher und Poeten, Ärzte und Architekten aus Norddeutschland und anderen Regionen
des Landes in seine Hauptstadt und setzte damit das
Werk seines Vaters fort, der München ein weltoffenes
Gesicht gegeben hatte. Daß die ›Nordlichter‹ ihre Probleme mit München und München seine Probleme mit den
›Nordlichtern‹ hatte, lag sicher auch an dem wenig ausgeprägten Gespür Maximilians für das nicht Meßbare, nicht
exakt Kalkulierbare.

Der Intellektuelle auf dem Königsthron hatte immer
große und ehrenvolle Ziele vor Augen, für die er hart arbeitete. Wenn sie nicht alle zur Vollendung reiften, hat
das sicher damit zu tun, daß der König oft unfähig war,
praktisch und schnell zu handeln.

Unübersehbar ist die Reihe der Gutachten, die Maximilian zu allen möglichen Problemen in Auftrag gegeben
hat. Groß ist die Zahl der Wissenschaftler und Verwal-
tungsexperten, die er damit beschäftigte, gründliche Stellungnahmen zu verfassen. Denn allein auf sich wollte er
sich bei fälligen Regierungsentscheidungen nie verlassen. Bedächtig wog er ab, wollte alles von allen Seiten
durchleuchtet sehen, tat sich schwer, klare Konsequenzen zu ziehen. Keineswegs aus Ängstlichkeit oder mangelndem Mut, sondern aus ernsthafter Sorge, bei einer
Entscheidung nicht alles berücksichtigt zu haben.

Wie ernst es dem König war, Wissenschaft und Kunst
einen hohen Stellenwert einzuräumen, zeigt sich bei der
von ihm veranlaßten Gründung des Maximiliansordens.
Mit ihr sollte die geistige und künstlerische Elite des Lan-

des aufgewertet werden. Die rund hundert Mitglieder des Ordens, die aus allen Bevölkerungsschichten kommen konnten, bildeten nach den Vorstellungen des Monarchen die intellektuelle Aristokratie des Landes. Sie bekamen freien Zugang zum Hof und erhielten Ehrenrechte, die bisher nur dem erblichen Adel zustanden. Entscheidend für die Aufnahme in den Maximiliansorden war ausschließlich der wissenschaftliche oder künstlerische Ruf der Kandidaten. Dem Ordenskapitel, das die Vorschlagslisten für die Mitglieder erarbeitete, gehörten ausschließlich Männer aus dem Geistesleben an: der Chemiker Justus von Liebig, der Philologe Wilhelm von Thiersch, der Schriftsteller Emanuel Geibel, der Maler Wilhelm von Kaulbach und der Architekt Leo von Klenze.

Der Großmeister des Ordens war der König selbst, der sich auch die letzte Entscheidung über die Aufnahme neuer Mitglieder vorbehielt. Die erste Anregung zur Gründung dieser Institution gaben Ranke und Doenniges, die beiden Historiker, auf deren Ratschläge der Monarch viel gab. Sie überzeugten Maximilian davon, daß eine gesellschaftliche Aufwertung der geistigen Elite eines Landes die Effektivität und das Ansehen eines Staates nur fördern könne. Am 28. November 1853, seinem 42. Geburtstag, gab der König offiziell die Gründung des Maximiliansordens bekannt. Und er war stolz darauf. Denn das Hofleben wurde jetzt für ihn interessanter, für einen Monarchen, der es haßte, »mit hohlen Köpfen in feierlichen Audienzen freundlich thun zu müssen«.

Bemerkenswert ist die Vielseitigkeit Maximilians. Eine besondere Beachtung schenkte er den Folgen der industriellen Revolution, die, von England ausgehend, in der Jahrhundertmitte auch Bayern veränderte. Der Wittelsbacher förderte die Entwicklung neuer Technologien, ebnete den Weg für die Industrie und nahm einen wesentlichen Einfluß auf den Ausbau des Eisenbahnnetzes. Wenn München heute ein hochqualifiziertes Zentrum der Technik ist, so legte der bayerische König während seiner Regierungszeit den Grundstein dafür.

Maximilian kämpfte in der Zeit des Partikularismus für die Idee eines deutschen Nationalstaats, von dem er allerdings eine andere Vorstellung hatte als die Hohenzollern in Berlin. Ein neues Deutschland ohne Österreich – das war für den Wittelsbacher undenkbar. Wiederholt widersetzte er sich den Großmachtvorstellungen Preußens, das die Hegemonie über die deutschen Klein- und Mittelstaaten anstrebte und die Habsburger Monarchie ausschließen wollte.

Bis zu seinem Tode rang Maximilian um einen anderen Nationalstaat als den, den die politische Wirklichkeit im Jahr 1871 dann schließlich etablierte. Deutschland wurde preußisch, der Einfluß Österreichs ausgeschaltet, die süddeutschen Länder wurden von Berlin aus regiert. Der bayerische König, der eine solche Entwicklung für verhängnisvoll hielt, konnte sie dennoch nicht verhindern. Mit seiner Trias-Idee, die gegenüber den Großmächten Österreich und Preußen der Stimme der kleineren deutschen Staaten unter Anführung Bayerns ein Mitspracherecht gesichert hätte, ist Maximilian gescheitert. Möglicherweise wäre die europäische Geschichte in den späteren Jahrzehnten anders verlaufen, wenn der Wittelsbacher nicht bereits im Alter von 53 Jahren gestorben wäre. Denn während seiner Regierungszeit hatte Bayern als drittgrößter Flächenstaat im Deutschen Bund durchaus politisches Gewicht.

Als großer Dynamiker mit bedeutendem Zuschnitt, als politisches Genie mit der Pranke eines Imperators ist Maximilian nicht in die Geschichtsbücher eingegangen. Zu asthmatisch war sein Elan, zu wenig pragmatisch sein Regierungsstil, als daß er zu den großen Staatsmännern seiner Zeit gerechnet werden könnte. Doch eine bemerkenswerte Erscheinung im Kreis der deutschen Fürsten des 19. Jahrhunderts war Maximilian mit Sicherheit. Sein Lebenswerk blieb zwar in vielen Bereichen ein Torso, nicht zuletzt bedingt durch seinen frühen Tod, gleichwohl hat er vieles bewegt und Bayern im Vergleich zu seinen deutschen Nachbarn zu einem fortschrittlichen Staat gemacht.

Viel wird darüber gestritten, ob Maximilian liberal oder konservativ war. Er war beides. Er nahm das den alten Feudalismus ablösende konstitutionelle Prinzip, das den Fürsten ihre patriarchalische Allmacht nahm, sehr ernst. Den Inhalt der bayerischen Verfassung duldete er nicht nur, er stand hinter ihm. Doch der Wittelsbacher empfand sich trotz der vielen liberalen Ideen, die er förderte, als Herrscher von Gottes Gnaden. An den Fundamenten der Monarchie ließ er keine Experimente zu. Als er in der zweiten Hälfte seiner Regierungszeit Gefahren heraufdämmern sah, zog er sich mehr und mehr auf konservative Positionen zurück.

Der immer kränkelnde König, entscheidungsarm und politisch schwach − dieses lange gepflegte Vorurteil gegen Maximilian II. bedarf sicher einer starken Korrektur. Wenn ihm auch vieles nicht gelang, so zeigte dieser König selbst im Scheitern Größe.

ANHANG

Zeittafel

1811 Maximilian wird am 28. November in München geboren. Der spätere Monarch ist der erste König, der
in der Residenz der bayerischen Hauptstadt zur
Welt kommt. Sein Großvater, der zu dieser Zeit
noch regiert, ist Maximilian I. Joseph, sein Vater
Kronprinz Ludwig I.

1825 Maximilian I. Joseph stirbt im Alter von 69 Jahren
im Schloß Nymphenburg. Er hat 26 Jahre lang regiert, davon sieben als Kurfürst. Als 39jähriger be-
steigt Ludwig I. den Thron der Wittelsbacher. Maximilian ist jetzt 14 Jahre alt und bekommt den Titel
Kronprinz.

1829 Maximilian beginnt seine Studienzeit, die er in Göttingen und Berlin verbringt. In der preußischen
Hauptstadt lernt der bayerische Prinz Leopold von
Ranke kennen, einen der bedeutendsten Historiker
seiner Zeit. Rankes Einfluß prägt das Weltbild Maximilians entscheidend. Der Kronprinz studiert Geschichte und Staatswissenschaften.

1832 Maximilian erwirbt die halbverfallene Burg Hohenschwangau bei Füssen. In mehreren Jahren läßt er
das Gebäude restaurieren und ausbauen.

1842 Im Februar verlobt sich der bayerische Thronfolger
mit der preußischen Prinzessin Marie in Berlin. Am
15. Oktober findet die Hochzeit in der Allerheiligen
Hofkirche in der Münchner Residenz statt. Der
Vater der Braut ist Prinz Wilhelm von Preußen.

1845 Im Schloß Nymphenburg kommt am 25. August Maximilians erster Sohn zur Welt. Er wird nach seinem Großvater auf den Namen Ludwig getauft. Als König führt er späßfer den Namen Ludwig II.

1848 Am 20. März gibt Ludwig I. als erster bayerischer König seinen Rücktritt bekannt. Maximilian übernimmt den Thron und führt ab sofort den Namen Maximilian II. Joseph. Ludwig, der königliche Pensionär, wird 81 Jahre alt und überlebt seinen Sohn um vier Jahre.

1848 Am 27. April bringt Königin Marie ihr zweites Kind zur Welt. Es ist Prinz Otto, der sein Leben in geistiger Umnachtung verbringt.

1848 Maximilian reformiert die bayerische Verfassung und macht an das liberale Bürgertum große Zugeständnisse. Das alte feudalistische System wird durch die konstitutionelle Monarchie abgelöst, der Spätabsolutismus ist endgültig zu Ende.

1849 Der Münchner Hauptbahnhof, erbaut von Friedrich Bürklein, ist fertig.

1851 Maximilian beauftragt Friedrich Bürklein mit den ersten Planungsarbeiten für die Maximilianstraße in München. Ein neuer Baustil entsteht, der sich an der englischen Tudor-Gotik orientiert. In der Kunstgeschichte heißt der neue Stil Maximiliansstil.

1852 Maximilian beruft Dichter und Wissenschaftler nach München. Paul Heyse, Emanuel Geibel und Justus von Liebig kommen alle in einem Jahr.

1854 In München findet eine internationale Industrieausstellung statt. Dafür wird der Glaspalast errichtet, der in der Geschichte der Münchner Architektur eine wichtige Rolle spielt. Der Glaspalast ist das herausragendste Beispiel der neu entwickelten Ingenieurbaukunst.

1857 Beginn der Bauarbeiten für das Maximilianeum, der von Maximilian gestifteten Elite-Schule. Das Gebäude, in dem heute der bayerische Landtag seinen Sitz hat, wird nach höchst komplizierten Bauarbeiten erst 1875 fertig, elf Jahre nach Maximilians Tod.

1859 Bei einer Konferenz in München versucht Maximilian den Deutschen Bund zu retten und damit den Einfluß Bayerns auf die deutsche Politik zu sichern. Noch immer hält der Wittelsbacher Monarch an der Trias-Idee fest, die Deutschlands Mittelstaaten neben Preußen und Österreich als dritte Kraft vorsieht.

1863 Der Konflikt um die Elbherzogtümer Schleswig und Holstein bricht voll aus. Maximilian versucht zu vermitteln.

1864 Maximilian bricht auf dem Höhepunkt der Schleswig-Holstein-Krise eine Italienreise ab, von der er sich Linderung seiner ständigen Kopfschmerzen erhoffte.

1864 Am 9. März findet ein erregtes Gespräch zwischen Maximilian und dem österreichischen Erzherzog Albrecht über die Krise in Norddeutschland statt. Der bayerische König erleidet einen Schlaganfall.

1864 Am 10. März stirbt Maximilian in der Münchner Residenz. Er ist nur 53 Jahre alt geworden und hat 16 Jahre lang regiert.

1889 Am 17. Mai stirbt Königin Marie in Hohenschwangau. Sie hat ihren Mann um 25 Jahre überlebt.

Literaturverzeichnis

Adalbert Prinz von Bayern: *Als die Residenz noch Residenz war*. München 1967

Adalbert Prinz von Bayern: *Die Wittelsbacher – Geschichte unserer Familie*. München 1979

Aretin, Karl Otmar Freiherr von: *Der Triasgedanke in Bayern nach 1815*. In: Bayerische Symphonie, München 1967

Bodenstedt, Friedrich: *Erinnerungen aus meinem Leben*. Berlin 1890

Bosl, Karl: *Der moderne bayerische Staat von 1806 bis 1956*. München 1956

Bosl, Karl: *München, Bürgerstadt – Residenz – heimliche Hauptstadt Deutschlands*. Stuttgart – Aalen 1971

Bosl, Karl: *Die Wittelsbacher in Europa*. München 1980

Brunner, Max: *Die Hofgesellschaft*. München 1987

Conti, Egon Caesar, Conte: *Ludwig I. von Bayern*. München 1979

Dirrigl, Michael: *Ludwig I., König von Bayern*. München 1984

Dirrigl, Michael: *Maximilian II., König von Bayern*. München 1984

Doeberl, Michael: *Bayern und Deutschland im 19. Jahrhundert*. München 1917

Döllinger, Ignaz: *Trauerrede auf Maximilian II*. München 1864

Fisch, Stefan: *Stadtplanung im 19. Jahrhundert*. München 1988

Gallas, Klaus: *München*. Köln 1986

Geipel, Robert: *München, ein sozialgeographischer Exkursionsführer*. München 1987

Gollwitzer, Heinz: *Die politische Landschaft in der Geschichte des 19./20. Jahrhunderts*. München 1986

Hederer, Oswald: *Die Ludwigstraße in München*. München 1942

Hederer, Oswald: *Leo von Klenze, Persönlichkeit und Werk*. München 1981

Heyse, Paul: *Memoiren, Jugenderinnerungen und Bekenntnisse*. Berlin 1912

Hüttl, Ludwig: *Ludwig II*. München 1986

Hojer, Gerhard: *Die Schönheitsgalerie Ludwig I*. München 1983

Hütsch, Volker: *Der Münchner Glaspalast. Geschichte und Bedeutung*. Berlin 1985

Kraus, Andreas: *Geschichte Bayerns*. München 1983

Kobell, Luise von: *Unter den vier ersten Königen Bayerns*. München 1894

Lieb, Norbert: *München – die Geschichte seiner Kunst*. München 1982

Möckl, Karl: *Der moderne Staat. Eine Verfassungsgeschichte vom aufgeklärten Absolutismus bis zum Ende der Reformepoche*. München 1979

Probst, Maria: *Die Familienpolitik des bayerischen Herrscherhauses zu Beginn des 19. Jahrhunderts*. München 1933

Reiser, Rudolf: *Die Wittelsbacher*. München 1979

Riehl, Hans: *Märchenkönig und Bürgerkönig. Wittelsbacher Geschichte(n)*. Pfaffenhofen 1979

Schäfer, Martin: *Der andere Ludwig, König Ludwig I. von Bayern*. München 1987

Schrott, Ludwig: *Biedermeier in München*. München 1963

Spindler, Max: *Bayerische Geschichte im 19. und 20. Jahrhundert*. München 1974

Spindler, Max: *Erbe und Verpflichtung. Aufsätze und Vorträge zur bayerischen Geschichte.* München 1966

Schnabel, Franz: *Deutsche Geschichte im 19. Jahrhundert.* Freiburg 1964

Stadler, Gabriele: *Ludwig I., König von Bayern.* München 1987

Treitschke, Heinrich von: *Deutsche Geschichte im 19. Jahrhundert.* Leipzig 1908

Ursel, Ernst: *Die bayerischen Herrscher von Ludwig I. bis Ludwig III. im Urteil der Presse nach ihrem Tode.* Berlin 1974

Wieninger, Karl: *Bayerische Gestalten. 74 Lebensbilder von Herzog Tassilo III. bis Werner Heisenberg.* München 1981

Wolmuth, Christine: *Ingenieurbaukunst im Königreich Bayern.* München 1988

Personenregister

HEYNE BIOGRAPHIEN

Die Taschenbuchreihe mit den bedeutenden
Biographien der Großen der Weltgeschichte

Programmänderungen
vorbehalten.

HEYNE BIOGRAPHIEN

Die Großen der Weltgechichte –
Wissenschaft · Politik · Kultur

HEYNE BIOGRAPHIEN

Die Taschenbuchreihe mit den bedeutenden
Biographien der Großen der Weltgeschichte

Programmänderungen
vorbehalten.

HEYNE BIOGRAPHIEN

Die Großen der Weltgeschichte –
Wissenschaft · Politik · Kultur

Programmänderungen
vorbehalten.

Wilhelm Heyne Verlag
München